人間借路行

滿觀法師——著

目次

推薦序

一本莊嚴又好看的小說——從佛光山文學談起

李瑞騰

我曾提出「佛光山文學」一詞。

佛光山開山祖師星雲大師熱愛文學，早就寫成《無聲息的歌唱》（一九五三），二十篇「物語」構成一部深具創意的主題式散文集，兼有知識性與諷喻性；其後寫成《玉琳國師》（一九五四）、《釋迦牟尼佛傳》（一九五五），後者是傳記，前者是歷史小說，旨在尋根探源，揭櫫佛理，反思歷史，尋找典範。

此外，《海天遊踪》（一九六四）是日記體報導文學，也是一種旅行寫作；《覺世論叢》（一九六五）以文類來說，是雜文體散文，事中有理，理中含情。早期單篇文章結集而成的《雲水樓拾語》（全集本，二冊，二〇二二），收小說、童話、散文、議論、雜文、追思文、啟事等多種文類，更有《詩歌人間》（二〇一三），收入詩、歌、祈願文、佛光菜根譚。詩皆語近情遙；歌詞則流動自然、聲情雙美；祈願文五十篇，廣被眾生，至情大愛；佛光菜根譚則踵武前賢，胸懷寬厚，為語錄體處世寶典。

在熱愛文學的星雲大師帶領下，佛光山與文學有關的媒體、出版、活動以及其弟子們所作的文學，豐富多元，可視為一個文學流派，就像文學史上的江西詩社宗派、桐城派，有形成的背景、主張、作家群、整體文學表現及其發展變化；或者像弘一大師在一九二〇年代曾停留過的浙江上虞白馬湖畔，形成白馬湖作家群一樣，可以考察其內因外緣，探索其整體及個別作家的文學風格等。

因之，佛光山文學首先是指星雲大師和他的徒眾們所創作的文學，其要義就是佛教，強調其人間性，洞徹人性，懷慈悲之心，有至誠和智慧詮解複雜的人事糾葛。其次，「以文化弘揚佛法」既為星雲大師手訂開山四大宗旨之首，作為文化主要形態的文字與文學，在其中肯定被視為重要的功能性角色，則不只是創作，佛光山總本山及其遍及全球的別分院，成為一個寬闊且自由的文學活動場域，勢所必然。

星雲大師所開啟的佛光山文學，從文類的角度來看，佛教散文是大宗，畢竟在傳揚佛法的旨意上，文體被期待曉暢易解，散文可以提供這樣的需求；特別是說出來的，可以是好的文章，古往今來也不乏這樣的作品，佛光山的口述之作，有不少讀來興味盎然。詩歌也會有，但不會是艱澀的現代詩，禪詩、偈語、歌詞等，皆可歸入其中。唯獨小說，在有那麼多能以故事講經說法的法師群集的佛光山，成績並不豐碩。

在台灣現當代佛教文學發展史上，佛教與小說的融通交會，最早具體呈現在朱橋主編的《佛教小說集》（台北：佛教文化服務處，一九六〇），收錄僧信二眾三十二位作家與佛教有關的小說，著名作家琦君、孟瑤、林海音、繁露、墨人、郭嗣汾等都入選，出家眾則有釋常覺、釋自立、摩迦、曼濤等。其中，摩迦即星雲大師，一九五〇年代台灣佛教文藝界的新銳，入選小說〈不同的愛〉，從小愛到大愛，用敘事做了合乎情理的精要詮釋。朱橋（朱家駿）是小說家兼編輯家，尊星雲大師「家師星公上人」（《海天遊踪》序），出版者「佛教文化服務處」，則是大師為弘揚佛法、傳播正信所創辦的出版及發行機構。

緣此可知，星雲大師非常重視小說。大約十年前，他給滿觀法師一年假期，就寫小說，最後出版了《我從世間來》（新北：香海文化，二〇一六年二月）；滿觀法師新近完成他的第二部長篇小說《人間借路行》（高雄：佛光文化，二〇二五年五月），但他因佛光文化的社務編務雙忙，新作斷斷續續寫了四年。這大概可以看出佛光山的法師，在小說領域戮力耕耘之不易。

我曾撰文推薦《我從世間來》，茲不贅述。《人間借路行》書名取自唐代詩僧靈澈的〈歸湖南作〉：「山邊水邊待月明，暫向人間借路行。如今還向山邊去，只有湖水無行路。」很多人從劉長卿寫的〈送靈澈上人〉：「蒼蒼竹林寺，杳杳鐘聲晚；荷笠帶斜陽，青山獨歸遠」，遙想過禪師靈澈那種蒼茫中獨行的形影，而他的歸湖南之作，則有修行者的禪悟。關於此作，我有這樣的體會：

不管到山邊，或到水邊，為的應該就是「待月明」。不是苦苦等待，而是修行悟道：明己心，見佛性。而修行，就必須到人間，因此要借路而行；行即實踐，只有通過實踐，才能親證眾生本有的常住真心，這是證悟。然而，行行重行行，終究還是要抉擇：向山邊去？還是向水邊去？山靜而水動，江湖既多風波，遲早無路可行，還向山邊去吧，暫向寒山子借詩來說，即「有路不通世，無心孰可攀？石床孤夜坐，圓月上寒山」。

滿觀法師取「人間借路行」為書命名，寄寓「暫居塵世，佛心永駐」之旨。

小說結筆之處，主角之一的陸世峰受贈《弘一大師傳》，展讀過程頗有所悟，至〈空門〉一頁，掉下的書籤上是弘一大師的墨跡：「今日方知心是佛／前身安見我非僧」。這最後的發展頗為轉折，小說前半敘寫女主角江若雪，我們以為她信仰虔誠，最終會出家，但她看來已選擇了成家，肯定會是發心護持佛教的優婆夷；而追求她不著的陸世峰，漸漸走近石門光明寺，看來藝術之心與佛心將在這裡交會融通。

小說跨越兩岸，主場地在台北和上海，二位醫生（韓子揚、高華）老家都在南方（台中、杭州）。整個故事在動物醫院（台北仁愛路之諾奇動物醫院、上海長寧區之米格魯動物醫院）、佛教寺院（台北松山之西淨寺、新北石門之光明寺、上海新華路之觀音文教館）發生；主要人物背後的家庭（韓家、江家、陸家、高家）和他們的父母、各自的職場等，鋪陳這麼一個在家與出家、愛與恨、人與動物等縱橫交錯的人間故事，更涉及兩岸、兩代、兩性的互動關係，作者的佛學素養、文學知識和生命關懷，融裁會通在《人間借路行》這個佛教小說的文本之中。

《我從世間來》、《人間借路行》都是莊嚴又好看的小說，讓佛光山文學更圓滿，讓佛教小說更具人間性，更有啟發性。

（本文作者為中央大學中文系榮譽教授，全球華文文學星雲獎評議委員會主任委員）

第一章

人間借路行

諾奇

無影燈下，淺綠色無菌布巾遮圍的中間部位，手術刀、手術剪、止血鉗，隨著手指頭的伸屈，在粉色肉皮上似精雕細刻著藝術品。

白色的牆壁，銀灰色不鏽鋼手術台、羅列各種手術器械的盤台，乾淨，冰冷。淡雅的〈大悲咒〉梵音，輕柔地繚繞每個角落，靜穆中灑下安寧的微風。

結紮手術很簡單，由於子宮長了腫瘤，一併切除，多花費了一些時間。

「接下來的縫合就交給你了。」醫師對助理說。

他脫下頭罩、口罩、手套，洗淨雙手，走出手術室，迎面傳來東邊走廊那頭的一陣吵雜聲。他眉頭微皺，頓一下，往左進入院長室。

九月，初秋下午的陽光依然燦亮。唐仁君拉下窗簾，啟動咖啡機，端了一杯咖啡，坐在桌前，舒適的啜飲。

不大的院長室，書桌背後和左邊牆各擺置一組深棕色書櫥。透明玻璃門裡，一層一層的書，有的整齊排列，有的歪斜倒著靠著。書桌有些凌亂，兩三本書隨意攤開。

穿著白袍的唐仁君，中等身材，容貌端正俊朗，剛剃淨鬍鬚泛青的兩腮、下頦，乾淨清爽。濃眉下，如湖水般清澈的一雙大眼滲著無限溫暖的柔光，是這張臉最大的特色與魅力。

他打開電腦，想繼續未完成的稿子。

《華文親子月刊》下個月的專欄，他要談「流浪漢與流浪動物」。這是社會上不論哪個國家都懸之又懸之的無解問題，他哪有辦法處理，只能站在醫師的立場，提供一些人道觀念，和相對簡單的可行措施。才剛思考，鍵盤尚未敲打。叩、叩、叩，護士推開門。

「院長，」她拉開嗓子急促地說：「陸太太還是要找你啦，韓醫師又還在看診……」

唐仁君嘆口氣，站起來。走廊上助理正離開手術室，手上抱著戴上透明頭套的黃色虎斑貓，麻醉初醒的貓眼猶渙散呆滯，他輕撫小貓的頭，柔聲安慰牠：「小甜甜，沒事了，戴上項圈很漂亮哦！」小甜甜的主人面露憂情，不知所措的伸出雙手，助理輕輕將小貓放入她懷裡，在人聲、犬吠聲交織中叮嚀注意事項。

櫃台前，「唐醫師呀，你總算出來了，我等了半個多小時，我家寶貝好像生病了，流鼻涕、咳嗽……」一連串高八度的聲音竟似迅雷壓頂！周遭窸窸窣窣的雜碎聲突然間消停。

片刻，唐醫師緩緩說道：「陸太太，別急，我來看看妳家寶貝。咦——這是妳的千金？第一次來？」

陸曼妮婷婷玉立站在母親旁邊。她微寬的臉蛋，描上黑眼線的杏眼上挑，鼻梁挺直，塗了亮澤口紅的嘴唇豐厚嬌豔。玫瑰紅的絲質上衣領口優雅捲成一片荷葉，兩隻喇叭袖飄逸生風，灰紫色的棉布七分褲裙，以布繩優雅的紮在腰間。如果不是手提著寵物籠，其亮麗豔美真如展示台上走秀的模特兒。

陸太太中年發福的微胖身軀，裹在淺黃色綴有金黃細花套裝裡。宛如玫瑰花與洋甘菊的母女倆盛裝在「諾奇動物醫院」灑下陽光與色彩。

坐在候診間的一位老先生拉著和他一樣老的黑色土狗，安靜的注視玫瑰花與洋甘菊。另一端，一位女士和身旁籠子裡的花貓碎碎細語。

三位護士在櫃台、藥局進進出出。

第二診間。唐醫師將「可可」抱到銀灰色診療台上。和大部分貴賓狗一樣，牠咖啡紅的濃密皮毛已逐漸褪色。兩顆彈珠似的黑眼睛、圓圓的黑鼻頭、下垂的嘴巴，嵌在斑黃毛的臉上，無辜又無神。唐醫師專注地檢查牠的眼睛，摸摸頸子兩側，聽診器在牠胸腹移動。

「牠生病了，是不是？」陸曼妮焦急追問。陸太太緊接著說：「平常活潑亂跳，哪有那麼乖躺在台上，要不要緊呀？」

「是感冒加腸胃炎，這次的流行性感冒來勢洶洶。」唐醫師安慰她們：「給牠打針，回去吃藥，過幾天就會好。」

等著拿藥，陸太太瞧見韓醫師已離開診間，和護士在談話，她拉著曼妮走過去，「韓醫師，這是我女兒。」韓子揚只向曼妮微微頷首，轉頭繼續講話。

曼妮有些尷尬，面露對母親的不滿，心中則犯嘀咕：「一個獸醫師有什麼了不起，那麼傲慢！」她自恃長得漂亮出色，哪個人不會多瞧幾眼？尤其男生，面對她即使沒有垂涎欲滴，也不會如他這般漠視、無動於衷。也因此特別注視一下，他比唐醫師個頭高，長相還算挺拔英俊吧，健康的膚色、結實的體魄，很像運動員呢。

「比起醫生，他更適合當運動員！」心底冒出這句話，曼妮暗中偷笑，眉頭稍稍舒鬆下來。

過了五點，患者一一離開，偌大空間，身著白袍的醫師與穿著粉紅色制服的護士，頓時有著如同走過鋼絲跨入湖邊青草地的茶敘心情。

「陸太太的女兒長得蠻漂亮的！」

「不知道她的本來面目如何？妳沒看到她不只描眼線，還貼上假睫毛呢。」

「是來醫院耶，她盛裝打扮好像要參加宴會。」

護士們在櫃台內外，邊整理病歷表、清理、收拾，邊有一句沒一句的搭話。

「我不喜歡陸太太每次來都要插隊，她有特權呀？又不是急診！」

「誰掛急診？」韓子揚經過，聽到急診，豎起耳朵問道。

「不是啦，我們在說陸太太每次帶可可來都急著看診，不想排隊。」

韓子揚從台大獸醫系畢業，來諾奇不到兩年。雖然陸太太看到他總是熱情的打招呼，但對她的跋扈氣勢也不以為然。

子揚喜歡諾奇的環境。院長是位好醫師，他寬宏的胸襟、尊重平等對待每個生命的態度，是子揚要學習的。尤其對動物的專業及真誠、慈悲、細心守護，更是令人敬佩與感動。

會選擇獸醫系，應該都是喜歡動物的人吧。子揚記憶中，打從幼兒園開始，家裡就陸陸續續養過狗、貓、小鳥、小白兔、魚、天竺鼠、巴西龜……爸爸最喜歡的動物是馬，但是不能養一匹馬在家裡，就退而求其次養一隻大型的狼犬；媽媽喜歡小貓，姊姊愛小鳥，他呢？都喜歡！有幾次陪著爸媽帶狗兒貓兒去醫院打預防針或看病，那樣的場景熟悉又親切。後來選擇念獸醫系，當動物醫師，也是自然的水到渠成吧。

陸曼妮洗完澡，穿上圓領短袖的蘋果綠T恤、同色系的休閒褲，卸下假睫毛，洗淨胭脂，乾淨的素顏，少了嬌豔，多了清純，回復二十五歲的社會新鮮人。

「爸爸還沒回來？每天都要加班、應酬……」曼妮自言自語叨念的走到餐桌。

李美月和兒子世峰已開始用餐。原本的傭人離職，新來的阿桂趕緊添了一碗飯端給曼妮。一股悶悶的空氣凝住菜肴的香氣，她眉頭微蹙，正要開口，對上二哥的眼神就沒出聲。吃了幾口飯菜，筷子正挾上滷得油亮的紅燒肉，「不能吃！」媽媽大聲喝道。她嚇一跳，筷子縮回去。

「這個阿桂在幹什麼！來了三個月還煮不好一餐飯，紅燒肉醬油放那麼多，鹹死了！能吃嗎？還有，紫菜豆腐湯又淡得像白開水，忘了放鹽嗎？」劈哩啪啦如刺耳的鞭炮聲。

已被罵一頓的阿桂躲在廚房。曼妮望過去，背著的肩膀抖顫似在哭泣。她心生不忍，挾一塊肉放碗裡，舀了兩匙湯，用筷子攪一攪。

「鹹的加淡的，還是可以吃呀！」她半撒嬌半解圍的把碗移到媽媽面前。

世峰讚許的笑一笑。

美月餘怒未息，「今天真倒楣，在諾奇等好久，我跟護士說可可生病很不舒服，不管唐醫師、韓醫師，他們看完診，下一位一定要看可可。」

「媽，妳到哪裡都想插隊，先來後到要有順序規矩的！」明知母親陋習難改，世峰還是忍不住插嘴講幾句。

「可可真的很痛苦，如果有三長兩短怎麼辦？」

「別人家的狗也是生病才會去看醫生，誰不想早看啊？」

「不一定，有的貓、狗只是去打疫苗。」美月被兒子數落，聲小氣弱了。

「我不喜歡韓醫師！」曼妮第一次去諾奇的不悅感覺被勾起，「好冷漠，好驕傲，當個獸醫就那麼跩啊！」

美月和世峰同時望著她。美月不知所以，有些茫然。

「換妳生氣了，又哪個男士惹火了我家妹子？」世峰打趣道，又突然想起：「好久沒看到振東，你們還好吧？」

曼妮只淡淡回說還好。

打了針、吃了藥的可可恢復六成，一團棕色毛球在客廳、餐廳、廚房悠哉悠哉的移動。

近二十年屋齡的六十坪豪宅，依然維持富麗堂皇的氣派。牆壁米白色，在灰色系的沙發前，是一面大螢幕的液晶電視，其他牆面則掛著大小不一又錯落有致的圖畫。咖啡色的壁櫃一個個方格裡，擺著書籍、雜誌、花盆、裝飾品等。餐廳上方一支支如蠟燭狀的柔和水晶吊燈，客廳天花板環狀造型的明亮吸頂燈，營造出豪華又優雅舒適的氛圍。

二十世紀，台灣處於亞洲四小龍的年代。陸朝森乘著經濟起飛的風向球，投入金屬機電產業。他聰明能幹，具有敏銳的商業頭腦。三十幾年的努力經營，除了台灣總公司，也在大陸上海成立了分公司，後來跨領域投資房地產。也是這個時期，他在台北信義區買下「鼎立大廈」的四戶房子。他們現在居住的是十二樓，大兒子去年結婚，搬到十一樓，十樓、九樓留給二兒子和小女兒，目前暫時出租。

陸朝森為妻兒安頓了優渥的生活，當然也希望他胼手胝足開創的事業體能庇蔭兒孫得以安身立命。因此，五十歲之後他開始思考接棒、傳承之事。

老大世雄和他一樣積極，有活力、有幹勁，對事業充滿雄心大志（果然頗符合為他取的名字）。大學畢業就讓他進入公司，從基層做起，一步一步熟悉整體運作，也能代替他到大陸的分公司去視察。

有些遺憾，老二世峰則志不在此。他喜歡藝術，個性閒散，嚮往無拘無束、逍遙自在的生活。念完藝術大學，和同學合夥開了一間畫廊。陸朝森尊重他的興趣，當然也給他金錢上的資助。他一週到畫廊三、四天，其他時間在家畫圖、讀書，或出外旅遊兼寫生。家裡牆壁上的掛畫大多是他的作品呢。

至於小閨女，的的確確是陸朝森的掌上明珠！很多人說曼妮的任性、驕縱是他寵慣出來的。不過他自知並無一味地縱容，女兒本性善良，不會無理的欺侮別人。有人說「女兒是養來寵的」，遲早要離開身邊。只希望她能嫁個好郎君，選個好婆家。

當初曼妮選擇念國貿系，他很高興，心中盤算如何培養她成為一流的女企業家。沒料到畢業後進公司不及一年，就嫌工作乏味無聊。人各有志，勉強不得。後來她自己應徵去「婚紗禮服公司」，似乎工作得如魚得水。

天祥

北上自強號車廂裡，韓子揚心情愉悅地望著窗外。一叢叢樹林，一畦畦稻田，一排排房子。以及偶見的遠方山陵、長長道路、小小行人，在淺藍天空、稀薄雲層的背景下，這些美麗的風景，隨著車輪壓著軌道的喀隆喀隆聲，在眼前一幅幅移動。

子揚喜歡火車甚於高鐵。父親一生奉獻鐵路局，這份工作養活他們全家，而火車、月台、車站，也和他們的生活甚至生命綑綁在一起。

子揚每隔一兩個月會回台中探望父母。父親兩年前退休，原本擔心父親會和許多退休的人一樣，突失生活重心而無聊、封閉導致迅速老化。幾次回家，發現父親自有規劃，他在社區的長青學苑學習太極拳，和其他學員下棋，平時在家讀《老子》、《莊子》，最近更熱衷研究《易經》，忙得可起勁！

媽媽喜歡園藝。門口牆邊、院子裡，大大小小、花花綠綠的盆栽大概有數十盆吧，真是奼紫嫣紅，爭相競豔。媽媽早年在老人大學跟著老師學國畫，最近轉向水彩畫，她親手種植的植物也成為她的模特兒。這次回家，媽媽還獻寶似的拿出幾幅作品給他看，還真不錯，頗栩栩如生，那時爸爸還鼓勵媽媽以後可以開畫展呢。

想到此，他嘴邊浮上笑意，欣慰父母的身體還算健康，晚年生涯過得快樂且充實。

到了新竹站。窗外是下車、上車竄動的人影。一會兒，一位老先生手裡拿著車票，眼睛左右尋著窗邊的座號，踯踯躅躅來到眼前，子揚點頭打個招呼。老先生在他旁邊坐下來，打算將手提的行李箱擠入兩腿之間。

「先生，你這樣不好坐，行李可以放上面行李架。我幫你拿上去，好嗎？」子揚問道。

「很重呢！」

「沒關係。」他起身拿起皮箱放上行李架。是有點重，老先生肯定抬不了。老先生靦腆地道謝。

子揚坐下來，前排兩個座位中間的縫隙，有一雙眼睛盯著他。被他發現，立刻躲起來。沒多久，一張小臉露出椅背，一個三歲左右的小女孩站在椅子上，粉嫩的臉蛋、烏黑圓亮的眼睛，好奇、友善、直直看著他。

子揚心頭被融化，張開嘴笑著輕聲說：「嗨！妳好。」

有了回應，女孩開心的在椅子上上下下和他玩起躲貓貓。

這次回台中，姊姊也帶著一歲多的女兒涵涵回家。還蹣跚學步的小不點兒，應是常常回外婆家，邁著兩隻小腿在客廳四處闖來闖去，和家裡養的小狗「黃豆」像哥倆好似的在地上磨蹭。姊姊說：「給舅舅抱！」兩個月沒見，她也不怕生的投到他懷裡。涵涵開始學講話，上回還只是咿咿呀呀，不知所云，現在會叫「媽媽」了。

「叫阿公，」、「叫阿嬤，」爸媽爭著讓自己在孫女心中「正名」。他和姊姊覺得很有趣。姊說：「她爸爸每天下班回到家，就不停地教她，到現在『爸爸』的發聲訓練尚未成功啊！」

從聲韻學來說，「ㄇㄚ」是揚聲，比較容易，「ㄅㄚ」是抑聲，較難。所以嬰兒大都先會叫「媽——」，而非「爸——」。子揚說明。

含飴弄孫之樂樂無窮。

「子揚，你有沒有女朋友呀？」姊問。

「唉——」媽媽嘆口氣：「你不能每天只是和小貓小狗打交道。快三十歲了……」

是，今年二十九歲。

感情是勉強不來的。在大學、進入社會，他也有過女朋友。因彼此印象良好而開始交往，但沒多久，最初的感覺淡了，非是期盼攜手一生的伴侶，就放棄了。沒有鬧得不歡而散。不過即使結局是平靜的分手、理性的祝福，也在他心底留下些許傷痕和恐懼。

台北站到了，他幫老先生把行李拿下來。他繼續坐到松山站。

離開學校，子揚就到諾奇工作，也在附近租房子，搭公車兩站再走五分鐘的路就能抵達。半年前房東說這屋子準備要賣，不再續租，他只好另覓住處。

現在住的房子是父親以前同事的，正好前一位房客退租，就由他租住下來。

從熱鬧的松山路拐了幾個彎才到林立的住宅區，很安靜。五層樓的早期大廈，每層樓有四戶。子揚住在二樓，兩個房間、一個衛浴、小小的客廳。他放下行李，吃了媽媽為他準備的午餐，稍作休息。醒來打開電腦上Google收信，無線滑鼠的箭頭停在螢幕不動，哎呀，電池沒電了，最後一顆電池用完時就提醒自己要記得買，卻也忘了。

印象中平時上下班前往松山車站的路途，好像沒看到文具店。出了門，他轉往另一條街道，走到十字路口，猶疑一下，順著往右看，也有不少商店，不遠處一塊長形黃底黑字的招牌寫著「天祥文具店」。他邊走邊隨意望一眼各家的商品。走著走著，來到文具店，門口竟然坐著一隻小貓，子揚低頭看牠，貓咪也回望一眼，見他往店裡走，也跟著進去。

「你好，歡迎光臨！」響起輕脆細嫩的聲音。一位眉清目秀中學生模樣的女孩坐在櫃台內，微笑跟他打招呼。

「先生，你第一次來？慢慢看喔。」

子揚含笑致謝，往裡面走。一列列、一層層的置物架擺掛著許多物品，真是琳瑯滿目。除了文房四寶基本的文具，舉凡辦公用品、電腦周邊配備、禮品、飾品……似乎和工作相關的物品都有。還賣雜誌、漫畫、童書呢。他選了兩種不同型號的電池、一本明年的記事本、便利貼。

裡邊角落是往上的樓梯，牆面也沿地勢依序掛著各式各樣的提袋。二樓陳列的多為大件物品，如大綑的各種顏色海報紙、活動用的紙彩球，以及羽毛球、球拍、呼拉圈、跳繩等簡單運動用品。有一區還置放造型特殊、手工製作的玻璃杯、陶瓷器皿。頗有趣的商店，子揚心想。走下樓梯，瞄見一團黑灰色小身影在他前方無聲息的溜下去。

來到櫃台，小女孩笑盈盈地望著他：「我們家的貓，從你進來就一直跟著你！」

「哦，我沒有留意到。」他有些意外。

「你太專心看東西，」她新奇的口吻：「平常牠很怕生，有客人進來，牠馬上跑到裡面躲起來，根本不敢靠近客人。」

「我身上有動物的味道。」子揚彎下腰抱起小貓，小貓也沒掙扎，純稚可愛的一雙大眼望著他，輕輕喵一聲。

女孩不可置信的睜大眼睛。

「牠應該五個多月大。」子揚將牠放在桌上，溫和凝視，跟女孩說：「牠和妳的年紀差不多。」半晌，問道：「牠打疫苗了嗎？」

「打疫苗？我不知道耶，是我姊姊撿回來的，平時都是她在照顧。」

「妳不是假日來打工的？」子揚以為她是工讀生。

「才不是呢！這是我的家！」女孩義正詞嚴的糾正。見子揚疑惑的神情，繼續說道：「我爸爸出去買東西，我媽媽在廚房，表哥送貨出去。」停頓一下，「我姊姊，不知道！」

女孩為釐清她不是工讀生而一一點名家中成員的正經模樣煞是有趣。子揚忍住笑，點頭表示理解。

結帳時，女孩吃力起身，他看到她身後牆邊靠著兩隻鋁製拐杖。她熟練的操作收銀機，還問他要打統編嗎？

此時，一位母親帶著兩個孩子走進來。原本安穩趴在桌上的貓咪迅速跳下來往裡頭一溜煙消失了。兩人相視而笑。在女孩招呼新顧客之際，子揚跟她要了便條紙，在上面寫下「諾奇」的地址，告訴她有需要可以帶貓咪到這家醫院。

離開天祥，瞧見天空又鋪上灰色雲層，看來會繼續前幾天的午後雷雨。子揚於是順著原路走回住處，一路上他心中想著「我身上有動物的味道」這句話。「動物的味道」是來自家裡「黃豆」身上？還是自己經年累月和各種動物接觸而有的味道？若是後者，我每天洗澡、換衣服，味道仍會留存嗎？「如入芝蘭之室，久而不聞其香，如入鮑魚之肆，久而不聞其臭。」香、臭也已融化在身體？

還有，我常和動物接觸，所以動物不怕我、喜歡接近我。但是，殺豬宰羊的屠夫不也是每天接觸豬羊牛雞……，動物會喜歡他們，或害怕他們？應該不是身體的味道，而是「心念」吧。

他想起曾看過一篇文章，寫道：

「有一隻老鷹在追捕鴿子，鴿子驚恐中看到佛陀，牠如遇到救星似的飛奔下來，佛陀輕輕的捧住牠。靠在佛陀身上，鴿子很安心，不再顫慄。但是當弟子舍利弗走過來關心時，鴿子又害怕的顫抖。

舍利弗疑惑的問：『我又沒有要害牠，為什麼牠那麼害怕？』

佛陀說：『雖然你已斷除殺心，但過去的瞋恚習氣還在，所以鴿子會害怕。』佛陀心懷慈悲，沒有一絲的殺心和瞋習，因此不只動物，任何人見到佛陀，唯有敬愛，不會怖畏。」

是的，是心念。善念、惡念，不只影響自己的人生，也會波及周圍的人，甚至社會、國家，這也是一種「蝴蝶效應」吧？不論人類的醫師或動物的醫師，都是生命的守護者。他應該學習佛陀，予人安心，沒有恐懼怖畏。

松山偏郊，拐進幾條矮小老房子林立的巷道，一堵弧形的圍牆迎面而來。中間大門紅綠飛簷下橫匾鐫刻「松山西淨寺」，左右兩面淺灰色牆上，則橫著書寫「南無阿彌陀佛」六個金色大字。牆內種植有八棵翠綠茂盛的龍柏樹，樹幹挺直，樹冠修剪成尖塔形。庭院兩旁亦花木扶疏，有碩大的白玉蘭樹，以及開著紫、白、橘各色的九重葛等花木。

她騎著山葉紅白機車慢慢駛進去，停在右側鐵皮屋頂下的停車場。脫下粉紅色安全帽，放在車頭的置物籃裡，她拾階而上來到大殿前的平台。三三兩兩的信徒，有正走進大殿禮佛，有拿著香走出來在門口的大金爐插香的，逢週六，小孩子奔跑嬉鬧的聲音也在殿前廊間迴盪。大殿中央供奉西方三聖，中間阿彌陀佛，東西兩旁分別為觀世音菩薩、大勢至菩薩，都是傳統的金銅佛像。

她從東邊大門脫鞋入內，有位法師問她要不要上香，她搖搖頭，輕聲說：「不用，謝謝您。」逕自走到前方長條拜墊熟練的緩緩禮佛三拜。轉身走出大門，溫煦陽光映照，只見她額前幾綹青絲，垂肩的直髮隨意用髮圈束在腦後，一張清秀絕俗的臉龐，膚色如雪般白皙晶瑩，體態窈窕，身著長袖乳棕色棉布衫、黑色長褲，簡單平常的服飾，其韻致卻宛如從天上走下來的仙女，讓人矚目驚豔。

她正蹲著繫鞋帶，眼角才瞥見一雙羅漢鞋，即聞熟悉的聲音：「若雪，妳怎麼現在才來？」她起身，燦然笑道：「本賢法師，好久不見了！」

「是啊，師父常念著妳呢，」法師溫婉聲中滑出一連串的關懷：「從學生變成老師，還好嗎？很忙吧？有沒有被學生欺負……」

兩人走往大殿右側通道，L形的木櫃台，是信徒詢問、寫功德的地方，牆壁貼有公告、法會、活動的海報。他們和值班的師姐打聲招呼，往裡進入客堂。

不大的空間，籐椅沙發漆面已磨損斑駁，和中間刷白的木頭茶几，都顯見歷史的痕跡。靠裡擺著兩張銀白色電腦桌，聽到腳步聲，電腦後一張臉探出來，本賢法師請他準備茶水。若雪忙道：「不用啦，我又不是客人。」

本賢法師向她介紹：「這位是本瑞師，妳應該不認識，和另一位本祥師，是半年前才剃度出家的。」

「剛剛在大殿的那位嗎？都是新面孔。」若雪回憶似的喃喃自語：「有那麼久嗎，我半年沒過來了……」

本賢法師叫住正踏出門的本瑞師，說道：「師父等一下也會過來。」轉頭笑著補充說明：「這兩位年輕，出家沒多久，一些規矩、處事還不懂。有一次我帶信徒進來，請他倒茶，他就只端一杯茶給信徒。談話時，信徒都不敢喝，我請她喝，她還把杯子推過來說：師父，你喝。」

若雪也覺得有趣，頓了一頓，似故意的說：「換是我，可能也和他一樣。你是自家人，平時想喝就喝，不必在這時刻，而且你又沒有說要兩杯茶。」她心想，奉茶，非單一杯水，是禮貌，也關乎待客之道吧。

本賢法師拿起電話筒撥內線：「師父，若雪來了，在客堂。」放下電話，他接續前話：「他們現在有進步了。剛剛我說師父會過來，他就知道要準備三杯茶。」

隔沒多久，一襲深灰色長衫身影踏入門，本賢和若雪起身合十道：「師父好！」慈眉善目的惠守法師招呼他們坐下。他雖然上了六十歲，眼角、嘴邊泛著細細皺紋，額頭、臉頰浮出些許淡淡老人斑，卻依然相貌端嚴，精神健朗。坐定下來，本瑞也端上了三杯茶。放妥，他拿著托盤，站在旁邊，目不轉睛地瞧著若雪。

「有什麼事嗎？」惠守法師問道。

「沒有。師父，她長得好漂亮！」本瑞不好意思的補充：「不是漂亮，是、是一種說不出的美吧？」

「還好你是比丘尼，不是比丘。你也坐下來吧。」惠守法師哈哈大笑：「她叫江若雪，是我妹妹的女兒。」

本瑞瞪大眼睛，看著若雪說道：「原來，師父是妳的阿姨。」

若雪欣然笑道：「是的，不過我沒叫過他阿姨，從小就叫師父。」

惠守法師接著說：「她比你們早來西淨寺。出生滿月時，爸爸媽媽就帶她來拜佛。還不會走路，才幾個月大還包著尿布，就在大殿地上爬來爬去。」

這些嬰兒時的趣事，已聽過爸媽、師父講了幾次，似乎每次都在喚醒她「早結佛緣的初心」，若雪心裡想著。

惠守法師又憶起：「有一次我抱著她，那次她沒有包尿布，突然撒了一泡尿，把我的長衫都弄濕了。」

大家哄堂大笑！若雪一邊笑一邊說道：「真是罪過罪過！」小時候聽到這件事，總會不好意思，臉紅害臊。長大懂事後，明白嬰兒無知，怪不得她，又與現在的我何干？也就不掛懷了。

惠守法師為人寬厚隨和，帶有樸實草根性的氣質。他拿起杯子，也招呼大家喝茶。轉個話題問若雪：「聽妳媽媽說，妳在三重教書，晚上去上課？哪個學校？」

「是的。」若雪回道：「是三重國光商工學校。在夜間部除了教一班國文，我還是這班的導師，所以除了放假日，每晚都要去。白天有兩班的課，只要去兩天。」

「教書很辛苦嗎？」看著瘦弱的外甥女，他關心問道。

「剛開始有點累，現在習慣了。」若雪逗趣似的又說：「師父，你知道嗎，我教的三個班級，全部都是男生！」

「哇——都是男生，他們會欺負妳嗎？」幾個人不約而同的拉高嗓音。

若雪思緒回到三個月前。

開學那一天，還沒六點她就到學校。在辦公室，教務主任交給她課程表、點名簿，以及學生資料一覽表。之前面談時，校長曾詢問她兩個問題：一、能否教夜間部？已婚、有家庭的老師，大都選擇不影響家庭作息的日間部。二、當男生班的導師，願意嗎？剛踏出校門的她，單純、有熱情，懷抱作育英才的理念，略微思考即點頭應允。

她瀏覽學生的資料，三十八位學生，年紀最輕的是十七歲，最年長的是四十八歲，大多已在社會工作，為了取得文憑而來求學的。職業欄裡，有當店員、做土木工、在市場擺攤賣魚的……

若雪心中浮上「有教無類」四個字。篤定，為自己加油。

噹—噹—噹，鐘聲響起，她跟著其他老師走出辦公室。九月的天空，到了傍晚六點半已灰濛陰暗。今天是開學典禮，操場上各班級的學生已一區區整隊完畢，三行三列，有九個班級。她依教務主任指示，走到第二行最後一個班級旁邊站定。有幾個學生轉頭看著她，有人輕聲說：「小姐，妳站錯了。」並好心的手指右邊的女生班。

「他以為我是女學生。」若雪微微一笑，沒說話。

唱完國歌，校長致詞勉勵，訓導主任說明校規，教務主任介紹各班導師，念到「高一丙班，江若雪老師」，一陣騷動，他們紛紛望向夜色朦朧中這嬌小身影。提醒她站錯位置的學生伸伸舌頭，驚訝地喃喃道：「原來她是我們的導師！」

典禮結束，回到辦公室，旁邊的林老師關心問她：「第一次上課，又是教男生，妳會緊張嗎？」若雪點頭，怯怯說有一點。「不用怕，我的班級就在隔壁。有事可以找我，我會幫妳的。」她投以感謝的眼神。

第一天上課，媽媽叮嚀她，當了老師，穿著不能太隨便。她從衣櫃找出一件自己頗喜歡的袖長至肘的杏色襯衫，搭上藏藍色齊膝寬裙。媽媽還特地陪她去買了一雙米色低跟皮鞋。出門前照照鏡子，心中一笑，嗯，像一位端莊的老師。

鐘聲再響。她深呼吸，定下心，平緩走進教室，步上講台。原本窸窣作響的空氣，突然凝住。半晌，冒出「起立」，大家趕緊站起來，在桌椅碰撞聲中，參差不齊的喊「老師好」，隨著「坐下」，又乒乒乓乓的歸位。

開場的混亂，倒讓若雪緊繃的心情放鬆下來。她溫和的望著他們，平靜而愉悅的說：「各位同學，大家晚安，我叫江若雪，是你們的導師，也教你們國文……」然後，她一一點名，點到名的也自我介紹，彼此互相認識。要選班長時，她有些躊躇，都是初次見面，選誰呀？

突然靈光一閃，問道：「剛剛喊起立的，是哪位同學？」一位方面大耳的中年人站起來。嗯，就是資料欄裡寫的木材行的老闆，可以當領隊，陳大宏，若雪記得他的名字。「你呼口號的聲音很宏亮，就你當班長，好嗎？」他爽快的回答沒問題，大家鼓掌。接著選服務股長、排值日生的事也順利完成。

若雪敘述第一天上課、開學典禮的情形，大家聽得津津有味。

她不知道，初次接觸，她誠懇的態度、優雅的氣質，以及清脆又柔軟的聲音，已撫慰了每個人的心靈。後來高一丙班也以擁有「美麗的導師」為榮。

忽地，她想起似的，「哎呀，光顧著講話，我差點忘了。」她從背包裡拿出一個信封袋，交給惠守法師。

「媽媽要我拿給師父。說是阿公忌日拜拜買供品的錢。」

「妳媽媽也真是的，我跟她說不用，她的父親不也是我的父親嗎！」

「是媽媽的心意啦。」

打從一進門，若雪就發現客堂裡除了平素擺放在窗台上的蘭花之外，沙發前的茶几中間，橢圓形白色淺瓷盤上，有一顆狀如太空梭的紅色地瓜，冒著幾簇鮮嫩的綠葉，紅白綠相襯，煞是好看！

「地瓜也能作盆栽，好稀奇哦！」她讚賞道。

「這是本度法師的傑作。」本賢法師欣然笑道：「他知道妳今天會來，也培植一顆要送給妳，他說妳一定會喜歡。師父還吩咐採一些菜讓妳帶回家。」

「謝謝師父！真不好意思，每次來都有禮物帶回去。」若雪掩不住心中的喜悅，西淨寺是她另一個家呢。

「你們去菜園吧。」惠守法師擺擺手，說：「待會兒還有信徒要找我。」

西淨寺土地面積不是很大，約一千坪吧。本賢和若雪沿著甬道行去，後方是一片蓊鬱的樹林，高高低低種植有麵包樹、芒果樹，和一些常綠小灌木，沒仔細瞧，竟看不出後面築有結界的圍牆。

伴著眾多小鳥的唧啾聲，他們穿過大殿後走廊，西邊盡頭即是一畦綠油油的小菜園。穿著淺灰色短褂，套上藍黑色圍兜的本度法師正拿著水管在澆水。看到他們，開心的揮揮手，隨即走出來關上水龍頭。他身軀粗壯，晒成古銅色的圓臉綻放樸拙率真的笑容，敞開大嗓門：「若雪，這陣子我的菜園很豐收哦！」

他指著地上四個鼓鼓的塑膠袋，「有玉米、紅蘿蔔、地瓜、青江菜、菠菜，這些都是要讓妳帶回去的。」

「那麼多，載得走嗎？」若雪面露疑慮。

「沒問題啦，妳要回家了嗎？」本度雙手各提兩袋輕鬆地往前走，經過大寮、齋堂，來到寬闊的前院，回頭問：「妳的摩托車在哪裡？」

若雪小跑步去牽出機車。

「新買的摩托車？」本賢問。

「爸爸送我的畢業禮物。」她開懷說道。

本度將四袋蔬菜放在機車座前的踏板上。此時，惠守法師送信徒行至殿前，看到這一幕，不禁搖搖頭嘆道：「現在的孩子，真不會做事。」他叫本賢去拿個紙箱，還交代不能太大。中型紙箱正好裝比較重的根莖蔬菜，擺在踏板上，左右還有放腳的空間，兩把葉菜就放進車頭前的籃子裡。

若雪發動機車，本度喊道：「等等，差點忘了跟妳說，有一顆地瓜，最漂亮、開始冒芽的那一顆，是要給妳當盆栽種的。」再告訴她培植的方法。

「天陰了，不知會不會下雨？」惠守法師抬頭看天空。

「師父，我有帶雨衣，不用擔心。」若雪回道。

「好啦，路上小心，不要騎太快。」師徒三人揮手目送她離去。

西淨寺是座老寺院。惠守法師十八歲就在這裡跟著一位老師父出家。由於他的勤勞作務、守本分、踏實，且待人慈悲、厚道，在他四十歲那年，老師父圓寂前，就將這座寺院交由他當住持。二十年來，除了遵循老師父遺囑，在東後方建一座七層的靈骨塔之外，他把東西兩側的平房擴建為二層樓，東客堂上面為寮區，西齋堂上方作為圖書閱覽室。其他，在寺務運作、法會、佛事方面，大致沒更動，沿襲往昔。

這裡的信徒大都是附近的居民。他也了解隨著時代的進步，不少寺院在硬體設備、弘法方式都走向現代化、數位化。他隨喜讚歎。但也自覺年紀大了，體力心力不足，只求固守淨土宗的法脈，引導有緣的信徒精進念佛，現世能保持清淨美好的身心，往生時能蒙佛接引至西方極樂世界。

若雪回到家，才停好機車，一陣悶悶的雷鳴，似牛群低吼，片刻，雨點穿破灰暗的雲層嘩啦嘩啦落下來。她抱著紙箱走進門，「爸，我回來了！」聽到聲音，正在整理物品的江炳昆忙過來接手，「什麼東西那麼重？」「西淨寺師父給的菜。他們自己種的。」若雪邊說邊走出去拿塑膠袋裝的青菜。

廚房裡，若雅正在桌前吃紅豆薏仁湯。見他們父女進來，金琇玲拿起碗往瓦斯爐上猶熱著的鍋子裡舀，邊說：「濕冷的天氣，吃紅豆薏仁湯最好了，補血又除濕。」江炳昆忙道：「店裡沒人！」放下箱子就出去了。

若雪坐下來，小灰貓輕輕躍上旁邊的椅子，喵了一聲。若雪對牠說：「白點，這不是你能吃的。」她冰冷的雙手捂著碗，濃稠香甜的紅豆薏仁湯傳遞媽媽的愛心，她一口一口吃著，不禁滿足而幸福的說：「真好吃！媽媽，謝謝妳！」

金琇玲望她一眼，愛憐地微微一笑。掏出西淨寺帶回的蔬菜，放在桌上，喃喃說道：「他們種菜，沒有用肥料、農藥，竟然都長得那麼好！」雙手檢視玉米、紅蘿蔔、地瓜，一個個都豐碩、漂亮，青菜葉也是翠綠鮮嫩。

「特別挑好的給我們吧，」若雪回道：「本度法師說他每次澆水都是邊念〈大悲咒〉，〈大悲咒〉水就是它們的肥料呢！」

若雅喝完湯，移開碗，抓了一根玉米，雙手撥弄淡綠色外葉包裹著的頂端一撮柔軟的黃褐色鬚鬚，再輕輕深入往裡掀開層層外葉。媽媽和若雪瞧她專注的神情，心中忍住笑，直至她低頭探視到穗粒，如揭開謎底般，鄭重宣布：「是黃色的玉米！」

「又是黃色的，不能烤，很失望，是不是？」琇玲理解的口吻問道。

「還好啦，隨緣。」被理解的若雅淡定回道。

頓時三人哈哈大笑。若雅繼續將外葉完全撥開。琇玲說：「先剝兩根就好，晚上就煮四色湯（玉米、紅蘿蔔、豆腐、香菇）給妳們吃。」語畢，往外走出去。西淨寺種的玉米，有黃有白，偶爾還會有Q彈的糯玉米。因為是餽贈，他們也都心懷感恩，歡喜接受。

瞧著趴在椅上的白點，若雅說：「二姊，告訴妳一件很稀奇的事。剛剛有位先生來買東西，白點竟然一路跟著他，還讓他抱呢！」

「怎麼可能？牠那麼膽小、害羞又怕陌生人。」若雪不可置信。

若雅描述當時的情形，最後說：「那位先生離開前還寫了地址給我，說白點如果要看病可以去那裡。」她從口袋拿出一張紙條交給若雪。

若雪一看，「咦——諾奇？我去過。」

「妳去過？什麼時候？」若雅睜大眼睛問道。

「之前跟媽媽說過。」若雪微一回想，說道：「去年，有一天我和同學去逛大賣場，出來時看到有一隻黃色小狗躺在門口的牆邊，好像生病，我摸摸牠的頭，牠嗚—嗚—哼著，很痛苦的樣子，可能腿受傷，也站不起來，門外店員說牠已躺了兩天。我們跟賣場要了一個紙箱。牠的身體又髒又臭，我們憋住氣把牠抬進箱子裡，剛開始牠還不肯，齜牙咧嘴，狺狺低吠的。我跟牠說是帶牠去看病，牠好像聽得懂，就沒掙扎了。我們請計程車司機找最近的動物醫院，開了不到十分鐘就到諾奇。」

「後來呢？」

「醫師說應該是被車子壓傷，除了一隻腿斷裂，可能還有內傷，必須住院治療。那位醫師很好，知道我們是學生，問我們有錢付醫療費用嗎？他說：『妳們好心救流浪狗，就不用付費了。』」

「如果要付錢，爸媽會付吧？」若雅插嘴，又問：「後來呢？」

「第二天，我再去醫院，小狗腿上綁著木條和繃帶。不過仍是病懨懨的。醫師說照X光，內臟受傷很嚴重，情況不妙。因為要上課，我沒有再去。後來我打電話去問，醫師說牠往生了。」

當時救那隻小狗，是見其受苦，無法罔顧而本能生起的惻隱之情，看牠的狀況也知不樂觀。總是盡力了。倒是對這位醫師留下良好深刻的印象，他打從心底對動物的喜愛，以及「視病猶親」的關懷對待來到眼前的動物，這樣的精神與態度，讓她深受感動。而且「人如其心」，他端正的相貌，渾厚的聲音，尤其那雙溫柔的眼睛，予人安心平靜的力量。

「二姊、二姊，」若雅喚了幾聲：「妳在想什麼？發呆了！」

若雪回過神問道：「妳說的那位先生，長什麼樣？」

「高高的，還蠻帥的！」

「多高？」

「比爸爸高一點。」

「喔，那跟我見到的那位醫師不同。」

「二姊，我問妳，白點有打疫苗嗎？」

「沒有。我撿到牠之後都沒帶牠去醫院。」

「那妳趕快帶牠去打，免得像我一樣，沒打疫苗得了小兒麻痺！」

若雪心口如刀刺，痛了一下，低聲說：「別讓爸媽聽到，忘了帶妳去打疫苗，他們已非常愧疚。」

「我知道，但是——」若雅聲音哽咽。

若雪走過去擁住她肩膀，柔聲道：「妹妹，我知道妳難過。不過，爸爸媽媽、大姊和我都很愛妳，妳是我們全家的寶貝。」

若雅兩串眼淚流下來，啜泣的抱怨：「已經有大姊和妳，為什麼還要生我？我知道他們想要生一個兒子，但是又是女兒，還是殘廢的女兒！」孩子氣的心聲爆發，令人辛酸無語。

一時的疏忽導致女兒終身殘疾，是江炳昆夫婦一輩子的傷痛。雖然若雅的症狀尚屬輕微，染病時經過積極治療，目前外表所見，是左腿的肌肉神經萎縮。她走遠路須左右撐著拐杖，距離短，有時只撐一支也能移動。

小學時，不論晴雨，江炳昆每天騎機車載她上下學。上國中，她長高了，不方便再抱她上機車，就特地買了汽車，專為接送她到學校。擔心她在學校被同學欺侮，每年若有換新的老師，夫婦倆必定親自前往拜託老師多加關照，逢年過節也會送禮致謝。幸好若雅聰明乖巧，努力學習，功課成績大多在前幾名，和同學的相處和諧愉快，有需要時大家也樂意幫忙。

住家二樓是客廳和寢室，和前面的文具店一樣都只有樓梯。若雅小時候，揹她上下樓，是全家日常生活一景。待她年齡稍長，江炳昆花錢裝設了小型電梯，讓她能自由行動。

無論父母之愛多濃郁，手足之情多親密，身體的缺憾必定得自己面對和承受。若雪靜靜抱著她，放在她面前的面紙一張張抽出、擦濕、揉成一團。等她哭夠了，趕緊把一堆面紙丟入垃圾桶。擰了濕毛巾揩拭她臉頰，逗她：「妳瞧，眼睛腫得像雞蛋那麼大，怎麼辦？」

若雅知道自己有個幸福的家庭，父母、姊姊都當她是寶貝般疼愛，她也愛他們。只因身體的殘障，有時不免多愁善感而自憐自艾。
不小心踩到地雷，就會引發她的淚腺。如這次的禍源即「小貓沒有打疫苗」。

香閣

十二月的台北多雲濕冷，這天難得有晴亮的天空，溫煦的陽光。

陽明山公園，除了一年四季皆綠意盎然的各種樹木，這時節更見一簇簇淡銀白的菅芒花，以及秋末豔紅如火至熟滿的楓葉，和飄落地上的黃澄澄落葉。

一對新人在此良辰美景拍婚紗照片。在攝影師的指導（或命令），準新郎、新娘從早上十點，就在高挺樹林間、白芒波浪前、紅葉映照下，隨著陽光穿過樹梢、葉隙凝結的或神祕、或夢幻、或多彩的光影背景中，拍下一張一張不同姿態的相片。

新娘齊肩捲髮上，戴著桂冠花環，穿著卡臂的長蓬裙白色婚紗。新郎一身寶藍色西裝，白淨的圓臉尚存留有年輕男孩天真淳厚的陽光氣質。兩位新人年紀相仿，才二十五、六歲，只是新娘上了妝，抹去清純，多了成熟的韻味。

每到一定點，拍攝前，林筱貞要用吸油面紙幫新娘擦拭額前鼻頭的細汗，再撲粉補補妝。聽從攝影大哥的吩咐，調整新人的姿勢，尤其那拖地三公尺長的婚紗裙襬，不論站姿、坐姿，或呈圓形扇，或如孔雀拖長的垂屏，或於腳邊旋束成美人魚狀，都要花不少時間。

靠近中午，新娘走累了，腳又痛，邊走邊嘟嘴抱怨：「好痛、好痛，我以為才三公分的低跟鞋，走路沒問題……」她沒料到不論高跟低跟，新的皮鞋都會「咬」腳的。

新郎在旁邊耐煩溫和的安撫。林筱貞一手拎著化妝箱，一手提著新娘的大外套，心底念道：「已經提醒妳要走不少路，必須帶拖鞋或布鞋，妳不聽，還說身上穿著禮服，腳卻套上拖鞋布鞋，能看嗎？現在吃苦了吧！」

不知她又在嘀咕什麼，新郎低聲勸著：「林小姐拿那麼重的東西，又要跑來跑去，忙這忙那……」

「這是她的工作！我們有付錢耶！」新娘不悅啐道。

這句話，不意被林筱貞聽到，頓覺氣惱，心想：「這是我的工作，沒錯，妳是付錢的顧客，就要擺架子嗎？我靠勞力賺錢，就不如妳嗎？」

才噘嘴向新郎抱怨，當就定位，攝影機對準她時馬上變成柔媚嬌美的可人兒。林筱貞看著這一幕，心中嘆口氣：「妳嬌生慣養，脾氣又不好，有老公疼妳、護妳。」

「哼，就不要碰上惡婆婆！看她怎麼對妳！」小聲冒出這句話，竟有著幸災樂禍的竊喜！為自己的委屈找到平衡的出口。

下午回到公司，待新娘卸下禮服，檢查、整理後，筱貞拖著沉重的腳步走進辦公室，往椅子癱坐下來，深深吐口大氣。旁邊的同事問道：「怎麼啦，累成這樣子？」

「身體的累倒還好，心裡的傷害，最讓人受不了！」筱貞瞧目前留在辦公室的兩位同事是較熟識的，就一股腦兒描述新娘的種種言行。

「我們的工作是禮服祕書，是協助新人，可不是服侍她們的傭人！有沒搞錯！」她劈哩啪啦的發洩，作完最後的結論。

驀然間，兩位同事神色有異，望向門口，她轉頭，發現陸經理不知何時已站在身後。

陸曼妮銳利的眼光直視著她，雙眉緊蹙，筱貞不禁打個寒噤。「怎麼啦？」陸曼妮冷冷說道：「才出去幾個小時，幹個活，就那麼多牢騷！」

看她眼眶泛紅，囁嚅欲言又止，陸曼妮抑住不滿的情緒，緩緩道：「顧客第一、服務第一，不就是每個行業的守則嗎？」頓一下，又說：「受委屈，是難免的。過去我當禮服祕書，也遇到不少難堪、挫折、不合理的事，忍一忍，不也走過來了。」

打氣、勉勵的精神喊話，一直不缺。每個「坎」能否跨過去，還得靠自己。曼妮是父母的心肝寶貝，小時候，媽媽每天把她打扮得像個小公主，長大後她也習慣綾羅綢緞的華美服裝。美麗的衣服、精緻的飾品，總能吸引她矚目。

大學畢業，還在父親公司那一年，有一次去世貿參觀「國際婚紗展」。名為「婚紗展」，展示各式各樣中式、西式的婚紗禮服之外，舉凡和婚禮相關的婚戒、婚鞋、捧花、美容保養、喜帖、喜餅、攝影……也都一應俱全。參觀人潮熱絡，大多為年輕人，有準備結婚的男女情侶，有結伴來玩樂、純欣賞的女生。整個展場熱鬧非凡，人群擁擠，加上音樂聲、宣傳的喇叭聲、定時的禮服走秀表演，喧鬧聲如鼎沸般要炸開來！

個性活潑的曼妮也不禁頻頻蹙眉，她在摩肩接踵中小心穿越，才能進到各展位，看到衣架模特兒身上各種款式的禮服。純為欣賞「美」而來，逛不到半圈，她就倉皇逃離。

隔天，非假日，她再前往，果然人潮少了一半。她得以從容的觀賞各展位的布置、婚紗特色、攝影照片等等。緩步行至一展位，鋪著紅地毯的圓形空間，入口拱門上方立著一頂珍珠色的公主皇冠。昨天只看見這醒目的標誌，接著被無數肉團推著往裡走一遭，但見人頭竄動，什麼也沒瞧著。

這回，迎面見一塊米白色大看板，彩繪身著婚紗、風華絕代的佳人，旁邊以金紅色秀麗行楷書寫：「許妳一生最美的時刻」。觸目，心一顫，曼妮輕聲念了兩遍，莫名的悸動，以及隱約似蠶欲破繭，如推開石門將踐履新奇祕境的感覺湧上來。她在看板前佇足良久，才移開目光往裡走。

兩張小圓桌，坐了三、四個人，應是參觀者和工作人員在談話。她專注凝視三個圓台上白色、粉紅色、紫色的婚紗，紫色婚紗很少見呢，曼妮心想。

「這些婚紗，美吧？」旁邊響起一個聲音，轉頭，一位女士笑吟吟的望著她，她點點頭。「妳來第二次，昨天我有看到妳。準備結婚嗎？」

曼妮有些靦腆，低聲回道：「還沒有。」

個兒嬌小的中年婦人，身著深藍色緞面套裝，上衣下襬絲繡的幾朵紅白荷花，有著飄逸的東方風韻。臉上薄施脂粉，談吐舉止雍容華貴又謙和有禮、神色可親。曼妮不自覺的隨她到小圓桌坐下來，婦人輕鬆的打開話匣子，她的真誠、明亮與熱情，讓曼妮心生好感。了解曼妮的興趣、學經歷……最後，婦人說：「妳愛美，喜歡美好的事物，就應該從事美麗的工作。」

她拿出一張名片遞給曼妮，「香閣婚紗禮服公司．董事長．周華芝」。曼妮驚喜：「妳是這家婚紗公司的老闆？」

周華芝咧嘴一笑，爽快的說：「怎麼樣？歡迎妳來這裡工作，加入『美』的行列。」

曼妮一時不知如何回答，「我、我……想想看。」

「沒關係，妳可以考慮，決定後跟我聯絡。」

曼妮考慮一天就決定到香閣。她跟爸媽提此事，爸爸雖然不樂意，但是一來，女兒想做的事，他們大多順其意，少有拂逆。二來，心想讓她去外面闖一闖也未嘗不好，可增廣見聞，如果碰壁，遇到挫折再回來就是。

進入香閣將近五年。曼妮開始也是從禮服祕書做起，一年後轉到門市部。她主動、積極又能言善道，與新人洽談後多能成功接單。亮麗的成績，很快讓她升任為經理，並兼行政企劃。董事長周華芝很欣慰自己有知人之明，尋得千里馬。

今天，林筱貞的辛苦委屈，她也曾經歷。不同的是曼妮靈巧，懂得柔軟與強勢的拿捏分寸，新人大都會甘心配合。

周華芝身軀嬌小，卻是胸襟豁達，處事明快，不讓鬚眉的女強人。她帶領香閣這群女孩子，在工作相關技術技巧之外，更強調一個觀念：「結婚，是人生的大事。對女人而言，更是她一生中最重要的時刻。為了最美麗、最重要的這一天，我們協助她、服務她、陪伴她，給她們留下一輩子足堪回味的甜蜜與幸福；這是我們的責任和使命。」

曼妮常常咀嚼這段話。

她愛美，所以每天精心打扮自己。女為悅己者容，她更是為自己的愉悅而裝扮。進入香閣，她才真正思考所謂的社會責任。二十多年的生命，一向「唯我獨尊」，也是在香閣才學會尊他、利他。這是她始料未及的。

一般而言，婚紗行業的待遇不高，多為基本薪資，再依業績按件計酬。禮服祕書的工作又繁重，許多女孩往往做不到一年，尚未有高業績、高薪資就離開了。曼妮能堅持下來，主要原因是她能認同周華芝「許妳一生最美的時刻」的理念，以及她無經濟壓力，不用為「稻粱謀」，盡可為所欲為，做自己喜歡的事。

曼妮在電腦前思索、擬一份企劃案。近幾年，有些婚紗公司採取「一條龍」的經營模式，除了婚紗租借、化妝、攝影等事，還跨婚禮、婚宴的包辦。香閣也曾「跟風」兩年，雖然「利」多，但是董事長覺得還是回歸「婚紗專業」較單純、省心。曼妮沒經歷「跟風」的熱浪，她想玩一玩，就構思寫企劃案，要有新穎新意，看看能否慫恿董事長再度投入。

聽到敲門聲，抬眼。「嗨！陸經理。」吳振東爽朗的聲音誇張叫道。曼妮只微微一笑，繼續打字。吳振東自行拉把椅子在她桌旁坐下來，靜靜等著。待她告個段落停下來，才溫柔問道：「最近在忙什麼呀？」曼妮略述「一條龍」

的構想。

「是不錯。老闆同意嗎？」

「不知道，所以我要擬企劃案，希望能說服她。」

暫停片刻，吳振東小心翼翼地說：「曼妮，今晚到我家，好嗎？我媽媽想請妳吃飯。」

「到你家吃飯？」曼妮一時錯愕，睜大眼睛，揚眉問：「怎麼突然想起？」

「也不是突然，」吳振東有些結巴：「我媽媽她、她很想見妳。」

「見我？我又沒有要嫁給你！」她噘嘴故作挑釁狀。

「當然要嫁給我！」振東知道她並沒生氣，討好說道：「這世上沒有人比我更愛妳了！除了妳父母。」

「滑嘴！」曼妮啐了一聲。不過心裡明白振東確實是真心誠意地愛她、待她。

他倆認識的因緣頗有趣。吳振東是一家全台連鎖電子公司的小開，雖然家境富裕，卻沒有公子哥兒的浮華習氣，認真勤懇的經營父親開創下來的產業。

兩年多前，他高中死黨的同學結婚，請他當伴郎。婚前，新娘上網查婚紗禮服公司，並多方打聽。選一天，兩位新人和伴郎、伴娘一起到中山北路逛婚紗街。

每間的裝潢布置大同小異，都是在展示華麗的婚紗禮服和精采的攝影照片。有一間門面高挑，左右各一張不同款式彩繪婚紗的巨幅招牌，極具吸睛效果！他們推開玻璃門，寬敞的大廳，在金色天花板及垂吊水晶燈的映照下，宛如一座夢幻、浪漫的宮殿。一位打扮入時，容貌嬌豔的小姐笑盈盈迎接他們。

陸曼妮當時已在門市部，她親切熱情如同身著的紅色洋裝，留給他們深刻的印象。有關婚紗禮服的選擇、出外景拍攝、景點介紹、各項費用等等，她也像朋友一般的以同理心體貼誠懇地分析、建議。於是兩位新人沒再繼續尋找，就在香閣簽下訂單。作為伴郎的吳振東則開始展開熱烈的追求。

「好嘛，我等妳下班，一起回家？」吳振東再要求。

「不行，」曼妮面有難色，回道：「董事長和她先生去上海，不在家，我必須在店裡關照著。」

「又去上海！做什麼？」

「上海有婚紗展，他們去觀摩。」

她微頓一下，又說：「他們在上海有房子，聽說是別墅，隔一陣子，總要去住住吧。」

吳振東頗失望，「等他們回來，一定要來我家一趟，好嗎？」

「再說吧。」她不置可否。

「曼妮，何彬的兒子已經滿週歲了。」

「哦，那麼快？」

「他們結婚兩年多了。」

振東伸手輕撫曼妮放在桌上的手，深情的望著她。

「曼妮，我們什麼時候結婚？我、我、我也想當爸爸。」

曼妮忍住笑，頂回去：「你要當爸爸，可不能找我，我不喜歡小孩！」

振東一愣，「今天諸事不順，一直碰壁。」他沮喪說著：「我改天再來。」

交往兩年，他仍無法捉摸曼妮的個性，有時溫柔貼心如一隻小綿羊，發起大小姐脾氣，又像母老虎那般令人畏懼。

看著吳振東悶悶不樂的離開座位，曼妮心生不忍，陪著他走出去，看著他拉開黑色賓士休旅車車門，坐進駕駛座，發動引擎，她揮揮手，目送車子離去。

走回大廳，凝視櫥窗裡兩件光鮮亮麗的白色、粉紅色婚紗，看著壁面掛著的一幅幅婚紗照片，儷人雙雙，皆是俊男美女，臉上無不洋溢著幸福的笑容。

掛在大廳供人觀賞的照片，都是經過新人的同意。曾經有一對夫妻結婚不到一年離婚了，先生跑來要求撕毀相片。

幸福美麗的倩影，可以藉由攝影而永恆留住，生命生活的真實幸福，能永恆嗎？

曼妮心想：我樂於「為人作嫁衣裳」，為何自己遲遲不肯披上嫁衣裳？我害怕什麼？或是我還在等待什麼？她相信吳振東會是忠實的好丈夫。以他們家的財力，結婚後她也不會吃苦，仍能維持她從小至今豐衣足食、養尊處優的生活。那，我在害怕什麼？顧忌什麼？

第二章

人間借路行

貓緣

拗不過若雅頻頻催促「趕快帶白點去打疫苗」，若雪選個白天沒課的早上帶白點出門。

家裡沒有寵物籃，臨時找了一個媽媽購物用的手提袋，袋底有厚板，白點在裡面應該還舒適吧。她敞開袋口，放在地上，果然，這隻好奇、喜歡往洞裡鑽的小貓靠過來，鼻子嗅嗅袋口，就輕輕跳進去。她慢慢拉上袋口拉鏈，闔至三分之二，白點察覺空間變暗，慌張叫一聲，從三分之一袋口冒出頭來。「沒事。白點，帶妳出去玩哦。」白點兩眼望著若雪，她溫柔的聲音與笑容，緩下牠的心，不再掙扎。

若雪私忖，為什麼我告訴牠去玩，而不明白說去打針？以前大人帶小孩去醫院打針，也都不明說，怕孩子抗拒。但是，白點沒打過針，也聽不懂這兩個字何意，為什麼我要騙牠呢？想想，也覺得好笑。

依照同事的指引，從松山捷運站搭至南京復興站，換乘文湖線到忠孝復興，再搭板南線到國父紀念館下車，2號出口往前走即可到仁愛路四段。

才走進松山捷運站，許是和戶外的空間氣味不同，白點又緊張的冒出頭，兩隻大眼左右張望再帶著問號停在若雪臉上。若雪稍稍拉高提袋，低頭對牠笑笑，牠又安心趴好。松山新店線開通後，原本只是小小的火車站，逐步逐步，幅員擴大，樓層增高，商店街的店面五花八門，吃的、穿的、用的，幾乎生活所需應有盡有。每天，許許多多的人在站與站之間移動並生活。

站在月台排隊等車，站在挨肩並足的車廂裡，白點似乎也感知身處紛沓的移動空間，牠安靜戒備的蜷縮著。車廂人少有座位時，若雪將提袋橫放大腿上，她舒適坐著，白點馬上鑽出頭來。她將拉鏈開口拉大，與牠四目相望，微笑輕聲道：「乖，白點乖。」一邊用手指輕撫牠的頭、搔搔牠的頸子。蘋果綠色提袋上，是史奴比手拿一串啥物？在紅色火焰上燒烤的圖案，活潑討喜的提袋，竟是她們這人貓景觀中較富色彩的一物。

從國父紀念館2號出口走出來，寬敞的地面像馬路又似小區，兩旁的房子不對稱。起初還能往前直行，沒多久，一棵大樹立在路中央，走沒幾步，右邊房子斷連，所現疑是巷弄或叉路，然後又冒出一棵大樹，左邊也同樣出現叉路。而且每個叉路都頗寬，左右瞧著也沒見路標，幾次徘徊，猶豫躑躅不進。到底哪一條才是仁愛路？

有大卡車停在路旁，工人在車旁抽菸，她趨前問仁愛路往哪走？「還沒到，繼續往前走。」往前走，還是莫名其妙的叉路。有幾個年輕人匆忙擦身而過，應是趕去搭捷運。她步履遲緩，神色迷茫，這是什麼大迷宮呀，怎麼有路建成這樣？總算有位步伐從容的中年人，帶著她拐了一叉路，走到盡頭，終於看到真正像路的一條馬路，也看到仁愛路的路牌。

路痴的她心想：下次再來，我肯定還是會迷路。

這邊正好是奇數號，她沿著騎樓下店面走，眼望門牌號，271、273……333，往前是335、337……，咦？333-1在哪？倒走回來仍不見333-1的門牌，再往前亦無巷弄。她滿臉疑惑，拿出紙條看看地址，沒錯呀。佇在那兒。

「小姐，」她轉頭，是一位穿著褐黃色長衫的法師在叫她。

「妳要去諾奇嗎？」相貌莊嚴的男眾法師溫和的問他。

「是的。但是好像地址錯了，找不到。」

法師說，跟我來。他回頭走到 335 號，轉入窄窄的通道。

若雪很訝異！333 至 335 之間有通道？剛剛怎沒看到？她疑惑地走在法師後面。灰暗的光線，顯示他們穿過的是室內的空間，是前後建築相連的一樓通道。不是透天有亮光的通道，難怪她沒注意到。走約十來公尺，出了大堂，豁然開朗，即瞧見馬路對面一排房子，右前方門前植有花木的就是一年前來過的「諾奇」。

還沒踏入大門，手中提袋猛然晃動，白點兩眼驚恐地望著她，身子掙扎的直撞袋口，想要逃出來。從離開家門，一路不論行走馬路、車站、月台，或車廂裡，來來往往、川流不息的人群，以及充斥著各種轟隆吵雜的聲音，白點只是安靜縮在袋裡，偶爾好奇的伸出頭張望一番。現在，是動物的直覺嗎？牠發現來到可怕的醫院？若雪趕緊抱牠出來，緊緊擁住牠，柔聲安撫：「不怕、不怕，沒事。」

才九點多，候診室空蕩蕩。看到他們進來，一位護士趨前招呼：「法師，您好，今天好早呀！」

「和你們院長有約。」法師回道。

才說完，唐仁君從辦公室走出來，見若雪站在法師旁邊，怔了一下，訝異問：「咦！妳們一起來？」認出若雪，看到她手中的貓，他又問：「善心的小姐，這次妳救的是流浪貓了？」

「牠是我家的貓。不過以前也是流浪貓，被我撿回來。」聽到熟悉的溫厚聲音，她心中漾起暖意，微笑回道。

「小貓生病了？」

「不是，帶牠來打疫苗。」

唐醫師帶著法師往裡走，邊轉頭問護士：「韓醫師呢？」

「不知道，剛剛還在。」

他稍停腳步，看一眼若雪，說道：「只是打疫苗，不急。妳要不要一起來向法師請法？」

「哦——」若雪雖覺意外，也沒拒絕，點點頭就跟著走進院長室。

唐醫師招呼他們坐下，自己「一指按壓」，端了三杯咖啡放桌上。

「小姐，」他停一下，「不好意思，不知道妳的姓名。妳大學幾年級？」

若雪報了姓名，說：「醫師，我今年畢業了。」

「那麼快，畢業了，有找到工作嗎？」

「有，我在教書。」

「很好，當老師了。」

唐醫師喝著咖啡，若雪向法師合掌：「師父，謝謝您剛才帶路。」

「不客氣。」法師回應，接著輕鬆說道：「仁君，你這個地點太古怪了！依照地址要能找到，太困難了！我來找你，十次有三次當『引路人』。」

「是啊！」若雪接口：「我以為遇到《哈利波特》裡的九又四分之三月台呢！」

他們大笑！

「巫師才能通過，我是麻瓜，所以無法見到也通不過。」

「那我是巫師囉？」法師開懷說。

若雪急忙說：「抱歉，我不是這個意思。」

「都是玩笑話。」唐醫師解圍笑道：「法師比巫師更厲害，更法力無邊！」

哈利波特拉近若雪和他們的距離。

唐醫師說：「江小姐，弘日法師是我大學的同學。如果他沒有出家，現在跟我一樣，也是動物醫師。」

弘日法師補充說明：「我沒有念到畢業，讀了四年，還沒實習就離開學校。」

為什麼離開學校？為什麼出家？若雪心中想著，初次見面不好問，只說：「請問法師，貴寶剎在哪裡？」

「石門光明寺。」弘日法師思忖，看來這位小姐對佛教不陌生。「江小姐，妳平常親近哪個道場？」

「我常去的是松山的西淨寺。」

「我知道，是專修念佛法門的道場，住持是惠守法師。」

「您認識我師父？」

「好久不見了，以前佛教會開會時見過面。他是讓人尊敬的女中大丈夫！」

自己的師父被稱讚，若雪很開心。

「江小姐，難得在這裡遇到法師，妳可以跟他請法。」唐醫師沒忘記這件事。

若雪望向弘日法師，他沉穩自在地端坐著，慈悲祥和的神韻中更透著威嚴凜然的道氣。她思索片刻，問道：「師父，有一件事我常疑惑。《阿彌陀經》說極樂世界有白鶴、孔雀、鸚鵡各種鳥，牠們是阿彌陀佛欲令法音宣流而變化出來的。那——動物，如貓、狗、馬、豬、羊……牠們死後能往生淨土嗎？這是我的疑惑，也是我想知道的。」

「嗯，這是個大問題。」弘日法師緩緩解說：「動物能不能往生淨土？眾說紛紜。大致可以簡單歸納為兩派說法，一是不能以動物身往生極樂淨土，必須動物有善根，累積善行，下輩子成為人，還得知道要念佛、常常念佛，才可以往生西方極樂世界。另一種說法是，在畜生界的動物，若有善根善緣，是能直接往生淨土的。」法師停頓片刻，繼續說：「他們舉了《無量壽莊嚴經》裡說的輪迴諸趣眾生類，速生我剎受快樂……」

若雪非常專注的聽著，突然，一直安靜坐在她腿上的白點，快速跳下往門外衝出去！她呼喚並急忙起身追出，到門口，一堵白牆阻住，她煞住腳，一位穿著白袍的男士手上抱著白點，他臉上也是帶著問號的神情。兩人僵在門口約五秒。

「韓醫師，你也進來。」唐仁君叫道。

若雪側身，讓他走進來。心中納悶：白點怎不怕生，肯讓陌生人抱？

「我認識這隻貓，是天祥的小貓。」清朗悅耳的聲音回覆。

「原來，是你到過我家？」她恍然說道。

他點點頭，「牠前腿腳趾頭有一撮圓圓的白色毛，所以我認得。」

「白點。」若雪喊一聲，想抱回牠。見牠竟舒服地窩在兩隻大手圈圍的懷裡，心底暗笑。

韓子揚和法師打過招呼，便自行在茶几前的圓凳子坐下來。

「師父，對不起，這隻貓打斷了您的開示。」若雪不安的致歉。

「沒關係，在諾奇，動物才是老大！」法師爽朗笑道。他思索被打斷的話題，隔了半晌，說：「其實，已談得差不多，有關動物能不能以動物身往生西方淨土？前些日子，我正好看到這段話，『蜎飛蠕動之類，聞我名字，莫不慈心歡喜踴躍者，皆令來生我國。三惡道中，地獄、餓鬼、畜生皆生我剎，受我法化，不久悉成佛。』不知道記得全不全？還有，一些往生淨土的實錄也有提到。」

法師沉思一會兒，再言：「佛陀成道時說，一切眾生皆有如來智慧德相，都能成佛。這一切眾生，當然包含六道的眾生。只是因為妄想、執著，成佛有快慢，了生脫死有遲速……」

韓子揚從在走廊抱起小貓，在院長室門口差點和一位女生相撞，到坐下來聽法師開示，他即訝異感覺或發現，這間每天常在進出的辦公室，和平時不一樣。窗外的天空依舊灰濛濛，沒有太陽，此時竟漾著無以言喻的溫煦光彩。以前弘日法師來過幾次，而眼下之煦光似乎非來自他身。

他端詳坐在沙發的若雪，灰色長袖薄毛衣、黑色長褲；長髮披肩，額頭瀏海下是一張皓如白玉的臉蛋，恬淡的柳眉，一雙清澈的大眼睛，蘊涵良善與天真的神韻，小巧的嘴唇，張翕間牽動出優美的弧線。樸素的穿著，不施脂粉的素顏，散發出的優雅高貴氣質，令子揚心弦隱隱悸動。

他明白這個空間綻放的光澤，是來自這位年輕的女孩。他有些失神。

聽到唐醫師說：「這隻小貓要打疫苗，麻煩你處理。」趕緊收回心思，站起來。「江小姐，我和法師還有事要談。」若雪有點遲疑，但還是跟著走出去。

來到櫃台，韓醫師請護士拿「病歷資料表」讓她填寫。他特意站在旁邊，瞄了她在「畜主姓名」欄寫上：江若雪、電話、手機……他心想，好美的名字，人如其名。

「我不知道牠的出生日期，是撿來的。」

「那就不填，沒關係。」韓醫師拉開牠的嘴巴，檢查一下牙齒，說：「牠大約五、六個月大。」

「牠出生後應該沒打過疫苗吧？」

「應該沒有，我撿到牠時，還很小。」她兩隻手彎圈，作出不到二十公分的長度。如小孩般的動作，他莞爾一笑。

他將小貓交給她，「妳先抱著。」他走進診間，護士拿著病歷表跟進。

兩三分鐘後，護士請若雪進去。白點被放上銀灰色手術台，驚慌掙扎，前腳兩隻腳爪緊抓著若雪的衣服，她不知所措，只能一邊拉開牠的腳，一邊頻頻安撫：「乖，白點乖——」

韓醫師一隻大手輕按白點身體，溫和說著：「白點，忍耐一下，馬上就好。」另一隻手已快速將針頭扎進牠後腿靠近腹部的肌肉又抽出，再從護士手裡接過另一隻針管，扎入附近的肌肉。兩隻針的注射，不到十五秒。若雪一直閉著眼睛不敢看，揪心聽著白點的慘叫哀嚎。

韓醫師一放手，白點迅速鑽入她懷裡，若雪緊擁著牠，和韓醫師四目交接，有著完成一件大事的輕鬆。她笑著說：「恐怕白點以後不肯讓你抱了！」

「是啊，我是欺負牠、刺痛牠的壞人！」子揚笑著回她。

「為什麼要打兩針呢？是什麼疫苗？」若雪關心問，稍停再客氣說：「我可以知道嗎？」

「當然可以！每個動物的主人都應該要了解。」韓子揚嘉許並說明：「剛剛第一劑是『三合一疫苗』，包含了貓瘟、貓病毒性鼻氣管炎、貓卡里西病毒感染症三種疫苗。病毒名稱很長，不用記，沒關係。第二劑是狂犬病疫苗。」

「狂犬病？牠是貓，不是狗，為什麼要打？」她好奇問道。

「狂犬病是一種病毒的名稱，它是人畜共患的疾病，當然包含貓。所以為了預防，必須注射這種疫苗。」

若雪點頭，表示了解。

「下個月要再來打一針。」韓醫師補充：「以後須定期施打預防針。等一下護士會給妳疫苗施打手冊，上面會有施打紀錄和施打日期的提醒。」

她自言自語：「還要再來打針，可憐的白點。」

子揚凝視她雙眉微蹙的神情，腦海冒出「西施捧心」這四字，秀麗中更添楚楚風致！

他委婉說明：「我們小時候不是也打了好幾種疫苗嗎。為了讓動物身體健康，有良好的生命品質，給牠們施打必要的疫苗，這是基本的……」

子揚還想繼續說，護士走進來，手上拿著下一位患者的病歷表。若雪向他致謝，抱著白點離開診間，迎面和一隻被抱著的黃色小狗錯身而過。

在櫃台，她付錢。護士給她寫有白點名字的「疫苗施打手冊」，提醒她下次的施打日期，再叮嚀：「打了預防針，可能會有一些副作用，像疲倦、食欲不好，或拉肚子的症狀，這是正常的。不過如果很嚴重，就要趕快帶牠來看醫生。」

候診室，一隻漂亮的白色拉不拉多狗安靜地站在主人身旁，聽著一位護士愉快的聲音喊道：「歐米卡，你來看唐醫師，是不是？」

若雪原本打算跟唐醫師打聲招呼才離開。心想他忙著，躊躇一會兒即走出大門。發現隔壁有一間寵物店，她信步走進去。大多為貓狗的日用品，有外出的提籃、背包；各種飼料，乾糧、罐頭、零食；貓砂盆、貓砂、睡窩、睡墊、玩具……粉黃、粉綠、粉紅、粉藍等色彩設計，乍看真像一間兒童館。

若雪眼睛掃著，心頭想著：白點都隨意睡，有時睡沙發，有時睡我們的床，牠不需要自己的窩。以後還要來打疫苗，牠在提籃裡會比較寬敞舒服，於是她選了一個米色、造型簡單的小型提籃，上蓋及兩側有通風的圓洞洞。飼料，牠三餐跟我們一起吃，我們吃什麼，牠就吃什麼，好像也不需要。不過買一包給牠偶爾嘗新也可以。

走走停停，轉個彎，和一位摩登女郎照面，若雪微笑越過她，往前去結帳。把白點放進提籃，蓋子蓋上，可能是打針藥效生效，牠沒掙扎，安靜趴著。一包貓糧就放進原來的提袋，她循著來時路往回走去搭捷運。

曼妮望著她漸遠的背影，想到剛剛一瞥，心底歎道：「好乾淨的一張臉。」

此時她有著兩方世界兩方人的生疏，同時一種莫名的隱約的不安輕輕在心頭噬囓一下。

她往左走去，見一位法師從諾奇出來，心想：和尚也來動物醫院？沒見他帶動物，來念經嗎？她跨進大門，瞧見韓醫師正走出診間，她喜道：「韓醫師，你好！」子揚禮貌微笑。見她兩手空空，「陸小姐，今天沒帶可可過來？」

曼妮略遲疑即客氣的說：「可可有點拉肚子，不是很嚴重。我在上班，媽媽打電話要我來拿藥，只是拉肚子，拿個藥，可以吧？」她有些心虛。

人已經來了，能說不好嗎？子揚請護士調出病歷表，他翻閱之前的資料，問道：「除了腹瀉，還有其他症狀嗎？」

曼妮想一想，「沒有，這兩天精神還不錯。」

「食欲呢？」

「也還好。」

「有吃不該吃的食物嗎？」

「沒有吧，沒聽媽媽說，平時都只吃狗糧呀。」

子揚就著櫃台邊問邊在病歷表上揮筆。最後說：「我先開消化不良的藥，應該會改善，如果藥吃完沒有改善，要趕緊帶牠過來。」再強調：「以後還是要帶牠來看診。」曼妮溫順回道：「好的。」他將病歷表交給護士就離開。

目送他挺拔的背影，曼妮滿心歡喜，今天他態度不錯，還記得我是陸小姐，真是不虛此行。

下午，曼妮駕著她心愛的紅色保時捷，行駛在熟悉的返家的信義路段，依然是車潮川流不息，依然要按耐性子等候無所不在考驗耐性的紅燈。今天她一路隨著中廣流行網播出的輕快歌曲，心花搖曳，嘴角上揚。

車子停入「鼎立大廈」地下停車場，她搭電梯上樓。還沒到下班時間，電梯直上到十二樓，門開啟，和三位婦人照面，彼此都愣一下，「曼妮呀、好久沒見到妳、今天那麼早回來……」三張嘴巴同時發聲，匆忙進出間，她也認不出誰是誰，只能籠統回應「阿姨妳們好！」還來不及說再見，電梯門就關上了。

剛拉開大門，低吼的聲音貫入耳朵，她輕輕掩闔，站在門外。是爸爸的聲音，聽不清楚，憤怒的語氣中隱約講了幾次「打麻將」。還在疑惑，冷不防大門猛然拉開，她叫一聲「爸爸——」，陸朝森沒料到女兒的出現，望一眼就匆匆往電梯走去。

客廳裡，阿桂收拾牌桌，美月垮著臉憋著氣，悶悶坐在沙發。

「媽，怎麼了？」曼妮問她。美月沒理睬。

「剛剛在電梯遇到三位阿姨，她們來打牌，爸爸生氣了？」曼妮又自顧自地說：「不會呀，爸爸一向沒反對妳們打麻將啊！」

「我怎麼知道他在家？」美月忿怒猶未息。

中午和三個姊妹淘一塊兒上館子，飯後就直接回到客廳攏了牌局。打牌除了動腦動手，當然也會動口。聊著聊著，不知誰先說起，提到小英、馬英九，然後因各人不同的政治傾向，有數落民進黨，也有批評國民黨，興致高昂像是為搓牌聲添加配樂效果。

冷不防，房門打開又猛然關上，陸朝森走出來板著臉說：「妳們打牌就打牌，幹嘛談政治？」

不怒而威的語調令人膽寒，瞬間，禁聲。正在廳角小水盤喝水的可可，縮進舌頭，豎起耳朵，警覺的望向陸朝森。三人交換眼神，不知所措愣住，然後輕輕站起來，拿了隨身皮包靜靜地離開。

李美月面子掛不住，鐵青著臉發飆：「我們打牌，礙著你呀？誰知道你這個時候跑回來！」

「我沒有反對妳打牌。妳們說八卦也罷了，還談政治，妳們婦道人家懂什麼？」陸朝森出門前憤然拋下幾句話。

他感念蔣經國執政時期推動十大建設，讓台灣的經濟蓬勃發展與穩定，許多企業包含他的機電產業也才能順利營運至今。

「經國先生對台灣有很大的貢獻，他是真心為人民謀福利的，飲水思源，我們要感恩啊！」這是陸朝森對員工、家人常常耳提面命的話。基於對領導者的尊敬和景仰，每每耳聞毀謗聲，都如矛箭刺心般痛楚、生氣。

這是陸家禁忌的話題，妻兒已懂得避開地雷。李美月沒料到他白天會在家。打牌興致高昂，口沒遮攔，這敏感問題挑起來也難免。

曼妮不想跟著攪和，「媽，我去諾奇拿了可可拉肚子的藥。」

美月斜倚沙發，望她一眼，懶懶的說：「牠早就好了。」

曼妮將藥包放在茶几上。依偎著母親坐下來。嗲聲嗲氣討好說道：「媽，我想養一隻貓，好嗎？」

「神經病，幹嘛要養貓？」美月驚嚇的瞪大眼睛。

「可可老了，不好玩嘛。」

「當初也是妳要養狗，」美月不滿的數落：「養沒幾天，接下來牠的吃喝拉撒、帶去洗澡、看病，都變成我的工作！」

「不會啦，這隻貓，我會照顧。」

「我不相信，妳凡事只有三分鐘熱度，我是妳媽，還不了解。頭仔興興，尾仔冷冷，從來都是虎頭蛇尾。」

曼妮噘著嘴，心中嘀咕：被爸爸罵，氣都發洩到我身上了，起身趿著拖鞋趴躂趴躂走回房間。

雖然母親沒有同意，曼妮仍執意要養貓。她去以前買可可的寵物店，這家展售的以狗為主，貓不多。一進門，牆櫃上兩個籠子裡分別有一隻灰藍色的暹羅貓，兩隻白色波斯貓。右側地上，有一座透明玻璃纖維圈成的五尺高橢圓形、似娃娃遊戲園，淺粉紅地毯上，三隻小貓在玩耍。店員說牠們是同一胎的蘇格蘭摺耳貓，三個月大，有兩隻毛色灰白交加，一隻是黑、橘、白三色混參。都是扁臉、塌鼻，一雙無辜嬌憨的大眼睛，超萌的！

曼妮選了三色貓，牠耳朵摺的幅度不如另外兩隻明顯，但牠望向自己的眼神，憨裡帶著深情，曼妮立刻抱起牠，忍不住親牠一下。付了六千元，也添購了貓糧和貓砂、貓盆等配備。

小貓是女生，她取名為「妞妞」，符其嬌憨之態。

家中突然多個小生命，隨著牠短短四隻腿的移動，像繡球花的傳遞，一波波的驚喜、笑聲，在屋子裡迴盪，好似曼妮一、二歲剛學步時的景況。可可也沒有排斥牠，初一碰面，妞妞倒弓身張嘴防備的低鳴幾聲。大家笑道：「還是大哥哥有風度！」「可可才是地主，妞妞應該拜碼頭，怎反倒兇人家！」

最讓人好奇的是曼妮將貓砂鋪好，按照店員所言，抱妞妞上去，牠馬上用腳爪在砂上扒了幾下，就撒了一泡尿，再扒扒砂蓋住，跳下來。

「是本能吧，那麼小就有良好的衛生習慣。」美月讚歎不已。

剛養可可時，為了牠的大小便真是費煞苦心。早午兩次帶牠到下面庭園，名為散步，主要還是讓牠方便。牠逢到樹幹、柱子就撒尿，還得帶上塑膠袋，裝牠拉在地上的糞便。夜晚或下雨天，只能在陽台解決，光是這一點就訓練好久。

看來養貓比養狗省事。

陽台長年開一扇門，讓可可進出，現在另一扇門也往中間拉開，靠牆放著妞妞的砂盆。原先可可還好奇的在砂盆邊嗅嗅，慢慢的，心照不宣，各據一頭，彼此尊重對方的「隱私權」。

最開心的是曼妮，有了妞妞，她更有理由去諾奇了。

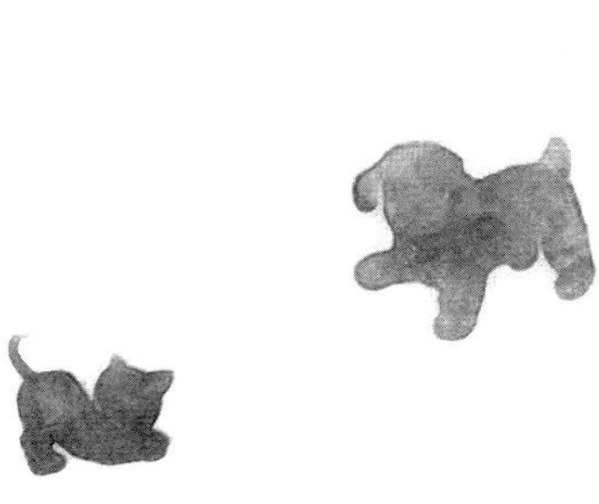

初衷

上完課，江若雪和英文老師呂佩瑩一起到學校附近的素食館用午餐。呂佩瑩是若雪來國光商工教書，第一位由同事而成為好朋友的人。她一副娃娃臉，可愛討喜，身材嬌小豐盈，臉色紅潤，一如她時時綻放的熱情活力。她比若雪早來國光三年，教學認真又活潑，常常聽聞教室傳來英文歌曲帶動唱的聲韻，是位很受學生歡迎的老師。

佩瑩初見若雪，為她的蒼白柔弱生起我見猶憐之心，就主動認識，不時給予關懷。這家素食館也是佩瑩介紹的，原本擔心她營養不良，勸她開葷吃肉，待得知她是胎裡素，也就不勉強了。

兩人吃完飯回到學校。日間部如果有課，若雪大都會留在學校改作業、備課，直到夜間部下課才回家。

她喜歡這所學校。少了一般高中為考大學而趕進度、拚成績的緊張氣氛。當然，高中、高職名聲或有高下，學生素質或有差異，但是以長遠角度視之，每個人的生命與前途，豈只是「學歷」一欄可定論？

沒有升學的壓力，好學、求知欲強的學生仍會孜孜矻矻用功讀書、努力學習，也有畢業後考上大學的。而只為拿「學歷證明」的，穿上學生制服，也大多自然的會尊師向學。

縱然求學動機不同，空氣中瀰漫的不是嚴肅、緊繃，而是舒緩、自在。

若雪對她任教的三班學生，都打從心底歡喜對待，也是衷心將自己所學傾囊授與。希望中國文化、文學之美能滲入他們的心靈，並蘊育成終生受用的精神內涵與人格素養。

上課，很快樂，最痛苦、最不喜歡的是改作文。她很訝異這些男生小學、國中的國文課是如何學習、如何過關？

不要求他們用字遣詞精準，寫出優美的佳作，但許多人連通順達意都做不到。除了改錯別字，詞、句、段落的挪移、重組、修飾，真是改得紅字、紅線紅得滿篇面目全非！改完自己再讀一遍，如一件衣服剪裁、縫補，勉強可以披上身才放手。

棘手的文章六成，小改三成，真正通篇順暢的不到一成。

三班國文課，每兩週交一篇作文，將近一百位學生，每每費煞心思、絞盡腦汁和一疊「爛文章」奮鬥，她的無明火常常瞬間燒毀耐性及為人師的熱情。

「又在改作文？」佩瑩經過她身邊，看她眉頭緊皺，同情說道：「妳的痛苦時刻！」

「我改到快吐了！」若雪放下筆，疲憊伸個懶腰。

「還好，高中學生不用寫英文作文。」

對拙於使用文字的人，要他寫文章，想必也很痛苦。她覺得應該釋放自己。

她和佩瑩並肩站在走廊。春末時分，稀薄雲層透著溫煦的銀白色陽光。操場另一端，體育老師帶著學生打籃球，奔跑、呼喊，併著球在地上蹦、蹦、蹦的彈跳聲音，好個青春活力迸發的畫面！

若雪望著，心想：這些活潑大男孩，文章寫不好，又如何？自己從小活動力弱，體能差，籃球投不進籃框，賽跑總是倒數第二名，跳欄，永遠是跑到欄前就停步，不知怎麼跨過去。體育課的成績都是靠老師慈悲加分，才勉強有六十分。還有，學科的英文、數學，一向是她的剋星。沒有語言天分；數學的加減乘除，稍微複雜腦筋就打結，甚至自動關閉。即使現在有了計算機，用手操作年度總成績，算三次，三次的數字都不一樣……

心底細數自己的笨拙。「妳只有中文能力比他們強一些吧。」

佩瑩轉頭，「妳說什麼？」

不自覺冒出這句話，她笑一笑，跟佩瑩分享剛才的所思所悟。

「very good！」佩瑩燦爛笑道：「妳所長，也是我所短。」

從同理心到自我反思，她決定不再為「改作文」而痛苦。「見了就做，做了就放下，了了有何不了。」「我盡力教書，盡力改文章，學生能進步多少，就隨緣吧。」

心情放輕鬆。她想起之前教了陶淵明的〈桃花源記〉，作文題目就給：〈我心中的桃花源〉。告訴大家，桃花源可以是地景，也可以是心境，更可以是兩者融合。自認是很好發揮的題目。若不計較文法，不在文字上吹毛求疵，只輕鬆瀏覽內容，也不乏有趣、富創意的文章。

日間部十六、七歲的學生，還沒進入社會，背景單純，他們心中的桃花源，大多是和家人、朋友去公園、海邊郊遊的景色描寫。夜間部學生閱歷多，除景觀描述，會加入與伴侶、孩子的溫馨互動或調皮、搞怪，甚至還寫下食物的味道、懷念等等。

樂見一篇作文喚醒他們心中的美好記憶；自己若只囚在「文字障」裡，想必無法領會吧？

早春夜晚，七點，天空已黝黑。辦公室及左右兩旁的教室燈火通明，望之，有著夙夜匪懈的精勤氛圍與感動。

高一丙教室，一群白天工作、晚上上課的大男生，打起精神專注聆聽他們喜歡的國文課。在他們心中，江老師宛如下凡的仙女，一位素雅美麗，看似柔弱卻端嚴、凜然不可侵的仙女。

這些年來，中學的國文教材變得活潑多樣，中外古今的文章都有，讓老師自行選擇教授。這天，若雪選了〈醉翁亭記〉。中國文學家，除了陶淵明、李白、蘇東坡，歐陽修也是她欣賞的一位。

講台上。若雪溫和的眼光帶著些許頑皮，微笑問道：「你們會喝酒嗎？」全班同學愣住了！紛紛左右對視，幾秒後，炸鍋似的，「老師，妳的意思是？」「會喝酒嗎？」「能喝酒嗎？」「有喝過酒嗎？」「會喝多少？」……

若雪淺笑，望著大家，待聲音稍息，「是我詞不達意，我的意思是，你們都喝過酒吧？」

「我只喝過一次，會過敏、起疹子，就不敢再喝了。」一個聲音冒出來。

若雪點點頭，繼續說：「今天要講的文章和酒有關係。」

她先介紹作者歐陽修的生平，接著消文釋義，逐段說明「醉翁亭」的地理位置、亭名的由來、四時的景觀，並描述身為太守的歐陽修被貶至滁州之後，藉酒澆愁，但見到當地百姓生活安定富足，又頗欣慰的複雜情緒。

他和賓客、鄉人在亭內飲酒作樂。「醉翁之意不在酒，在乎山水之間也。」「人知從太守遊而樂，而不知太守之樂其樂也。」自我調侃、有趣詼諧的筆調道出太平盛世的一派愉悅。

短短一篇不到五百字的文章，用了二十一個「也」字。同學們讀誦，用力又生澀的「掉書袋」模樣，也著實可愛，讓她忍俊不禁。

突然，有人問：「老師，妳會喝酒嗎？」

「我會喝，不過很少喝。」若雪微微一笑：「我只喝過啤酒，還有我媽媽釀的葡萄酒。」

「哇——仙女也會喝酒！」有人低聲叫道。

家中逢年過節、祭拜祖先，酒是供品之一。她喜歡啤酒倒入透明玻璃杯時的冒泡畫面，雪白如堆疊的浪花和雲朵，端起杯子，酒尚未入口，嘴邊已是一圈白色泡沫，姊妹常常相視笑說是聖誕老公公的鬍子。啤酒微苦具麥香。媽媽用青葡萄釀製的葡萄酒，如檸檬水的晶瑩色澤，口感清新潤滑。兩者都是他們家必須克制的歡樂飲料。

佛教的五戒裡有「不飲酒戒」。不過，釀酒的原料非葷食，它是屬於「遮戒」，和前面四戒的「性戒」不同，只要不過量而擾亂神智和傷身，應該無妨；這是茹素的若雪在淺斟低酌時的自我解嘲與安心。

下課，若雪搭捷運回到家已經九點多，盥洗完東摸西摸，十一點才上床睡覺。許是整晚談酒的餘波，她睡夢中似乎嗅酒香，淡淡的香氣逐漸變濃，還帶著炭燒燻味。

突然，碰撞、敲打、吼叫一片混亂聲中，「火燒厝！」「火燒厝！」爸爸、媽媽衝進來，她被叫醒，瀰漫在黑暗中的燻煙味，她意識到是火災！趕緊跳起來跑進若雅房間，若雅猶睡眼惺忪，一臉茫然翻個身，若雪掀開棉被，抱她移至床邊，轉身將她馱在背上，「姊，我的枕頭！」若雪抓起小枕頭塞入她手裡，就匆匆跑下樓梯。

大門已拉開，摸黑中，金琇玲站在店裡，手足無措，喃喃念著：「要帶什麼？要帶什麼……」江炳昆手上抱著一個鐵盒，趕她「先出去吧！」左鄰右舍跑出來的人一簇一簇聚集在馬路對面。黑濛濛中，只見火焰由左邊的房子往右邊蔓延，消防車的水龍在灰黑濃煙與熾紅火海間穿梭、奔射……

若雪揹著若雅跑到馬路對面時，聽到有人叫一聲「江老師」，黑暗中認不得人，心想是隔壁的鄰居吧，就說：「幫我拿個椅子出來。」那人跑進店裡，很快拎了一張椅子過來，若雪放下妹妹，「幫我照顧妹妹！」又慌張叫道：

「白點呢？」又匆匆往裡跑。「不要再進去了！」後面的聲音沒有追上她的身影。

幸好沒多久，她就一手抱著貓，一手攬著毛毯快步走出來。店裡一束束白光游離閃爍，江炳昆拿著手電筒，琇玲雙手抱著一些物品，陸續離開屋子。

若雪把白點放若雅腿上，拉開毯子，發現若雅淺粉紅色的睡衣上披著一件外套。她抬頭訝異望向站在旁邊的男子，藉著天空火焰的紅光映照，她驚奇叫道：「韓醫師，是你！」

「你怎麼在這裡？」

「我住在附近。」韓子揚定定望著她。

若雪見他身上單薄的T恤，忙將若雅肩上的外套拎起，順手把毛毯密實的裹在她身上。

「韓醫師，謝謝你的外套，天氣冷，你穿上吧。」若雪遞上外套。

「妳要不要穿著？」

若雪在緊張中快速走動，沒覺得冷，現在停下來，不禁打了哆嗦，她低頭看到自己身上也只穿著睡衣，正尷尬，「穿上衣服！」母親塞了一件外套給她，她忙不迭地將手上的外套歸還。

琇玲盯著子揚看，若雪邊穿外套邊趕緊介紹：「媽，他是諾奇的韓醫師，就是幫白點打疫苗的醫師。」

「我認識他！」一直沉默的若雅開口。江炳昆也覺得這位男士有些面熟。

「嗚－嗯－嗚－嗯－」消防車鳴笛聲幾番由遠而近。乾燥的夜空，濃煙、火舌在一排屋子的窗戶、屋頂、陽台竄流，恐怖又詭異！轟轟聲中交雜慌亂尖叫聲，憂心忡忡的人群仰望新加入的多條滅火水龍。

火勢已延伸至「天祥文具店」的第二間鄰居。雖然天祥和右邊鄰居的房子中間有著不到一公尺的通道，火勢若不大，或許能斷開火源。

不管怎樣，請觀世音菩薩讓火趕快熄滅吧！

琇玲焦急念著：「南無大慈大悲觀世音菩薩，求求您幫忙滅火，讓火趕快熄滅……大慈大悲觀世音菩薩……」若雪想起《普門品》裡的：「若有持是觀世音菩薩名者，設入大火，火不能燒，由是菩薩威神力故。」「假使興害意，推落大火坑，念彼觀音力，火坑變成池。」心中也懇切地念「觀世音菩薩……」

漸漸地，新加入的多條水柱發揮作用，火焰不再肆虐，化成嗆鼻的濃煙，停在第二間鄰房。

為防星星餘火，水繼續澆灌。

「希望沒有人傷亡。」若雪默禱。

愁雲慘霧壓頂，在一棟棟黑窟窿如廢墟般的建築物，在頃刻間喪失家園的災民心坎裡。逃過一劫、沒遭殃的居民紛紛走回家。

若雪禮貌的說：「韓醫師，謝謝你過來。沒事了，那麼晚了，你請回吧。」然後轉身膝蓋微蹲要揹起妹妹，若雅腿上放著她的小枕頭和小貓，怎麼揹呀？子揚伸手想去抱貓，白點自己跳下來，往屋裡跑去。若雅一手扣著毛毯，一手攀著姊姊肩膀，子揚則拎著椅子、枕頭，跟隨她們走進天祥。

他把東西放下，問道：「有需要我幫什麼忙嗎？」

琇玲心有餘悸說著：「還好，沒有燒過來，店裡那麼多文具、那麼多紙張……真是僥倖！感謝菩薩保佑！」

韓子揚雖然有些依依不捨，在他們致謝之下，他還是索然的離開。

打從在醫院見過江若雪，子揚腦海裡就不時浮上她的身影。不知為什麼，

「巧笑倩兮，美目盼兮」，《詩經》中的這兩句竟常常冒出來。幾次晚上下班回家之前他特意繞道走去天祥，有時像路人緩步從門前觀望一下，有時走進店裡逛著，隨意買了電池、滑鼠墊、便利貼……唉，不能總是只逛不買，現在家裡快變成「小小文具店」了。

但是沒有一次見到江若雪！她不是在學校教書嗎？難道放學後她就閉門不出？有一兩次週日白天過來也沒見著，或許天祥是文具店，她們另有住處？

今晚被消防車的鳴笛聲叫醒，從窗戶望出去，濃煙冒出的方向似在天祥這一帶，他穿上外套就趕緊跑過來，幸好沒事。也確定這裡就是她的住家。

半個月後，下班從松山捷運站出來，他走往天祥，期待著「巧遇」。在門口才停步，套著黃藍格紋圍兜的金琇玲正推開裡面木門走出來，她眼尖，往前迎道：「韓醫師，進來呀！」

韓子揚有些靦腆，像做壞事被逮到的害羞小孩，不知要說什麼，才輕輕說：「我、我來逛逛。」琇玲已微笑說：「你找若雪嗎？她去學校上課呢。」被點破，子揚反倒放鬆下來，坦然而自在問道：「晚上上課？」

「是啊，上夜間部的課。你不知道？」

子揚搖搖頭。琇玲表情疑惑。

「她還是夜間部的班導師，所以星期一到星期五晚上都要去學校。日間部也有課，不過只去兩天。」火災那天，琇玲第一次見到韓子揚，今天見他長相端正，舉止穩重，心生好感。女性的敏感直覺他喜歡若雪，便沒保留的透露女兒的行蹤。

「她在哪個學校教書？」子揚問。

「這，你也不知道？」琇玲覺得好笑，想要追女朋友，資訊那麼差。

「在三重的國光商工。」

「那麼遠？」

「還好啦，搭捷運也蠻快的。」

接下來換她反問，了解他家住台中，今年二十九歲，未婚，一個人在松山租房而居，職業是動物醫師。琇玲想助他一臂之力。

「你們動物醫院，週六、週日有休假嗎？」

「週日有休假，不過，如果臨時有急診，就要趕過去。」

兩人站在櫃台前，琇玲想一想，問他：「今天星期四，這個禮拜天中午，請你來跟我們一起用餐，好嗎？」

「好，會不會太打擾？」子揚面露喜色。

「不會啦，我們也是要吃飯。」

隔天晚上，飯桌上她跟大家說：「昨天韓醫師來店裡，我跟他聊一下。為了感謝火災那天他特地來關心，我請他週日中午來吃飯。」媽媽是宣布，不是詢問，父女三人沒意見。若雅只說一句：「白點還會怕他嗎？」若雪回道：「不知道，貓的記憶很難說。」

週日中午十二點前，子揚提著一盒起司蛋糕來到天祥。江炳昆在櫃台裡和客人結帳，待客人離開，他彬彬有禮的說：「伯父，您好。」江炳昆微笑點點頭，帶他往裡走，拉開木門喊道：「韓醫師來了。」自己仍留在外面。

不是很大的空間，包含廚房、餐桌、起居室的功能。琇玲將剛炒好的一盤菜端上桌。看到子揚，開心招呼，子揚將紙袋遞給她。

「什麼？還帶了伴手禮？」

「起司蛋糕，飯後甜點。」

若雪在出菜台低頭切水果，聽到聲音抬頭看他一眼，淺淺一笑，又繼續切水果。她穿著黑長褲、淺灰紫色圓領七分袖衣衫，黑髮紮成馬尾，露出雪白的頸子。子揚忍不住又望了一眼。

若雅坐在圓桌前，靈活的大眼睛盯著他一會兒，「不能叫你醫師，白點聽到會害怕。」她自言自語：叫什麼呢？「我叫你韓大哥，好嗎？」又補充：「我只有姊姊，沒有哥哥。」真是可愛的小妮子，子揚欣然說：「當然可以！」

桌上陸續擺上素肉＋豆腐的麻婆豆腐、煎鱈魚、燉炒黑木耳＋鳳梨＋毛豆、炒菠菜、炒高麗菜＋紅蘿蔔五道菜，最後一鍋是江家的招牌湯「四色湯」，今天有客人，多放了幾顆素丸子。若雪端了葡萄、芭樂兩盤水果放在一旁，琇玲要她請爸爸用餐。

江炳昆進來，按平常習慣的位子坐下來，子揚被安排坐在炳昆旁邊，另一邊就是若雪。

「韓醫師，只是簡單的家常菜，不要客氣哦！」琇玲拿起筷子挾一塊鱈魚要遞給他。子揚忙說：「伯母，我自己來。」

若雅煞有其事又說：「媽媽，不能說韓醫師。」

「那我要叫他什麼？跟妳一樣叫韓大哥嗎？」琇玲笑道，其他人跟著笑了起來，原本有些拘謹的氣氛突然變得輕鬆快樂。

韓子揚愉悅地說：「我叫子揚，你們叫我的名字就好。」

「好、好，子揚，我不幫你挾菜，就當自己的家，儘量多吃。」琇玲很順口說著。

桌上的菜肴顏色繽紛，可謂色香味俱全。食物的溫度與香氣，瀰漫整個空間，加上這一家人的和善，以及親密的親子互動，讓子揚那顆離家在外漂泊無根的遊子心，被煨得暖和和的。

江炳昆吃飽了，站起來跟子揚說：「你慢慢吃，我去替柏華。」不久，一位體格結實的年輕人進來，琇玲介紹說是她的弟弟，在店裡幫忙。子揚也眼熟，之前來買文具時見過面。

子揚邊吃飯邊留意坐在旁邊的若雪，她很安靜，安靜的吃飯，平靜的搭腔。只在吃完一碗飯時，問他要再添飯嗎？然後起身幫他添飯。

肉質細嫩的鱈魚只剩一塊，琇玲拿起盤子遞給子揚，「你吃吧。」他轉給若雪：「江老師，妳好像還沒吃？」「哦，我不吃。」

琇玲幫她回答：「若雪吃素，她不吃魚肉。」又解釋：「桌上這些菜只有魚是葷的，其他都是素菜、素料。」

若雅慎重說明：「我們家每一餐只會有一道菜是葷的。爸爸媽媽說是為我準備的，因為我還在成長發育中，不吃肉會營養不良。不過煮了你們也可以吃，只有二姊不能吃。」

她清亮的聲音，正經八百的神情，尤其強調自己還在發育中的口吻，幾個人忍住笑。最後琇玲和平日一樣，將盤中剩下的菜一一分配給大家。

「哇——好飽，謝謝伯母！」子揚兩手撫著肚子，神情滿足。

「好吃嗎？」琇玲笑嘻嘻問道。

「好吃！好久沒吃到這麼豐盛的一餐！」他誠摯回道。

「平常你三餐怎麼吃？」

「早餐如果來得及，就在『美而美』解決，午餐、晚餐，大多在自助餐店或麵攤吃。」和多數上班族一樣，他也是「外食客」。

熱情的琇玲不忍心，「以後常常過來吃飯吧，你住在附近，很方便啊！」

「不好意思，太麻煩您了。」他心喜又覺得過意不去。

「不麻煩，多添一副碗筷而已。」

飯後子揚一起收拾碗盤，拿到流理台，對著站在水槽前的琇玲說：「我來洗碗。」大家都吃了一驚！

「怎麼可以？」琇玲推開他的手。

「在家裡，都是我和姊姊輪流洗碗的，」子揚又說：「我很會洗碗。高中開始，媽媽就訓練姊姊和我要分擔家事。」

「今天你是客人，第一天來，不行，下次吧。」琇玲叫他去吃水果。

「我不喜歡洗碗，也不太會洗碗。」若雪邊擦桌子，有些心虛地為自己辯解：「因為我常會打破碗，不過我會揀菜、切水果。」

她泡了一壺桂花茶放桌上。若雅嚥下口中芭樂，「韓大哥，你們動物醫院，去看病的動物有哪些？都是貓和狗吧？」

「大部分是貓和狗，不過也有兔子、小鳥、烏龜。」

若雪將媽媽洗好的餐具一一放進烘碗機裡，轉身問他：「有大型動物嗎？」

「嗯，有看過猴子，曾經有一隻鴕鳥被主人帶著走進來。」兩姊妹想像鴕鳥走在路上，走進醫院的畫面。

「如果是更大型的馬、豬、牛、羊、駱駝、老虎、獅子、大象，就要出診了。」

琇玲插嘴：「幫老虎獅子看病很危險吧？」

「是猛獸，會先用麻醉槍射牠，等牠昏睡後再治療。不過，動物園大多有編制醫院、醫師，除非特殊狀況，一般不太會找我們。我去過農場，為牛、豬、羊看過病，也有難產幫忙接生的。牠們很溫馴。」

子揚述說他熟悉的專業工作，眼睛也不時瞄向若雪。

靠牆的不銹鋼流理台擦拭乾淨，天花板日光燈照耀下，閃著金色光芒，飲水機和上方的咖啡色木板櫥櫃也是一塵不染。

琇玲脫下圍裙，若雪倒一杯桂花茶給媽媽，兩人一起坐下來。子揚看著若雪，「江老師，妳還記得弘日法師嗎？上次妳帶白點到醫院，遇到的那位法師。」若雪點點頭，「我還問了他，動物能否往生西方淨土呢。」

「他的寺院光明寺，五月有個談環保護生的活動，那天他就是來跟唐醫師討論這件事，他想請唐醫師做一場有關護生的講座。妳們要去聽嗎？」

若雅馬上說「好呀，我要去。」琇玲問哪一天？

「五月第二個星期日，母親節這一天，也藉此邀大家到光明寺慶祝母親節。」

若雪喜悅的眼神，輕笑道：「媽，那天我們就全家在寺院為妳慶祝母親節吧！」知道光明寺在石門，路途遙遠，琇玲有些猶豫。

「伯母，不用擔心，有遊覽車接送。我幫妳們登記。」子揚興致勃勃的邀約。

「再看看吧。」琇玲心不在焉，隔一會兒說：「你給我電話吧，確定了我再告訴你。」子揚給了手機號碼，轉頭問：「江老師，可以跟妳加line嗎？」若雪不置可否，讓他掃了行動條碼。

談到寺院，琇玲看看時間還不到三點，跟子揚說：「在松山有一間西淨寺，我姊姊是那裡的住持，你下午有事嗎？要不要去走一走？」

子揚不假思索就答應。琇玲站起來，嘴裡念著：我去問爸爸下午會用車嗎，我載你們去。若雪跟上去，在琇玲耳邊輕聲說：「媽，我生理期，不太舒服，不想出門。」

「哦！」琇玲停頓一下，轉身走回來，抱歉的對子揚說：「我們改天再去吧。」他有些失望，仍回道：「沒關係。」

若雪經過樓梯時，眼角往上瞥見在樓梯轉彎處，白點蹲坐欄杆間。這小孩蹲在那裡多久了？她心中暗笑。

子揚告辭，一起走到樓梯口，她手指著上方，「白點在那兒。」子揚抬頭，貓身一溜煙，只見灰色的尾巴搖晃一下，隱遁。

深心

鄉間小路，清朗的晨光穿透淡薄如紗的雲層，灑在兩旁高大的欖仁樹，深綠色的葉子、枝條隨著微風搖曳，在地上舞出曼妙的黑影與金光之舞。

兩個小小人影融入畫面中。

突然，變天，龐大烏黑的龍捲風從遠方空中瞬間湧到頭頂，碰一聲巨響，甩下一個東西，一具屍體，血肉模糊、面目全非，驚悚又慘不忍睹的屍體。

他嚇醒了！全身顫抖，冒冷汗。

他知道先前的這兩個小人影是他和妹妹。聽說夢境都是黑白的，但他卻清晰地看見自己穿著白色襯衫，深藍色短褲。妹妹也是白色上衣，套著紅白格紋的背心裙。妹妹剛進國小一年級，他是小六。每天用完早餐，穿上制服，他就依照媽媽的囑咐，牽著妹妹的手出門。走過林蔭遮陽的馬路，兩旁錯落著一棟棟低矮的房子和幾間鐵皮屋工廠，以及沒規則種植的果園、菜園。經過沒有紅綠燈的小十字路口，往左走不到一百公尺，就是學校。上了國中，他放下妹妹，繼續走轉個彎來到自己的校園。

妹妹到了五年級，不想再跟著哥哥，他也去市區讀高中了。

四年牽著妹妹的手，一路上，她從好奇的盯著翩翩飛舞的蝴蝶、睜大眼睛隨著來往的腳踏車、機車轉動著小腦袋，到熟悉馬路風光之後，有一搭沒一搭的說著老師同學如何如何。他沒仔細聽，只知牽著妹妹細嫩的小手，是要保護她，當她叫著「小哥哥——」，他才低頭望她，回應一下。

十來分鐘的路程，兄妹倆說了什麼，他完全沒有印象，但握在手中那柔軟小手的溫暖溫度卻深深烙印在記憶裡。

那一天，全家人永遠不會忘記的日子。妹妹高三，學校辦三天兩夜的畢業旅行。第三天回程，從宜蘭北上，遊覽車行駛到國道五號坪林段，突然輪胎爆胎失控猛撞護欄，那時車輛多，引發連環車禍，死傷慘重。

他接到爸爸的電話，搭車趕去醫院，急診室擠滿了人，哀號聲、呼喚聲，有坐在椅子上的，有躺在擔架上的，醫生、護士神色匆匆穿梭著。他沒有看到妹妹。見一位衣袖刮破，手臂還滲著血，面容沉重拐著腳一步一步走去關心受傷者的女士，應該是老師。他上前詢問，報出妹妹的名字時，她臉色一變，兩行眼淚撲簌簌流下來，啜泣著無法開口，轉身領他往後走，急診室旁邊走道，兩個擔架床上覆著白布。

他愣住了，胸口像被利刃猛然重重一刺，痛徹心扉，他無法言語，接著渾身顫慄，許久許久，他深深吸口氣，望著老師。老師手指第一張擔架床，轉頭不忍見。他慢慢走過去，發抖的手拉著白布一角慢慢掀開，變形、裂開的頭顱，凝血沾黏在散亂的頭髮，模糊了五官，但是從斑斑血縫中，看到她的嘴型及耳朵到下巴的弧度，他能確定她就是他的妹妹，他的親妹妹。

在台北上班的哥哥，第二個趕到，最後是從新竹趕來的爸媽和姊姊。原本不想讓媽媽看到妹妹的慘狀，媽媽不願相信女兒死了，堅持要看，拉開白布，灼熱又哀傷的眼睛盯了五秒，就昏厥癱倒在地上。醫生趕來緊急處理，她甦醒後兩眼呆滯無神，喃喃說著：「妹妹怕痛，她一定很痛、很痛、很痛……」她抓著醫生的手，又確認：「那麼大的傷口、那麼多的血，一定很痛吧？」想到女兒的痛，她萬般不忍，嚎啕大哭起來。醫生安慰她，說是突然瞬間的死亡，不會痛。

後來醫生告訴他，妹妹除了頭破血流，強烈撞擊下，她的肋骨、內臟都被壓碎，她送到醫院時已無呼吸。

外面急診室還是斷斷續續的淒厲哀號聲。活著，就會痛，就有掙扎。妹妹很安靜，無痛，無掙扎。

過了好多年，爸媽才走出喪女的哀傷情境。

那一年，陳銘輝二十三歲，結束大四的課程，進入第五年的臨床實習。這天，一隻被大狗咬傷的小狗，被人抱進診間，一見牠白色皮毛上的斑斑血跡，他頓時頭暈目眩，本能的閉上眼睛，再睜開眼，暗紅的凝血似沼澤臭泥塞在胸口，讓他噁心欲嘔。還有，一隻母貓作結紮手術，麻醉後，肚皮刮毛消毒，他拿著手術刀的手竟然顫抖，無法在粉紅嫩皮上劃下一刀。

幾次嘗試，他放棄了，放棄當動物醫師的願望。人類的醫師，怕血、不敢動刀的可以選擇內科、神經科、精神科……，但是動物醫師必須一手全包動物各種疾病。於是，他決定退學。教授和同學都勸他先休學一年，不要輕易放棄這四年的專科培養。休息一年，延一年畢業無妨。

在他悲傷、矛盾、頹唐的半年裡，系中好友kingly常常傾聽他痛苦的心聲，放假日陪他四處走走散心。

有一次，他們搭車到北海岸石門，在白色沙灘漫步，聽著一波波細浪溫柔滾到岸邊潤濕白沙，嘆息一聲，悄悄退下。海與沙的纏綿，經歷了多少歲月？

藍天碧海間，他們發現遠方綠色山林中，橘黃色屋簷和灰色水泥牆掩映在半山腰，應該是寺院。他倆好奇走過去，山腳下立著不顯眼的小小木牌，上面寫著「光明寺」三個字，棗紅色油漆和木板一樣，多年的日晒雨淋，已褪色反倒顯出古樸雅致的感覺。

沿著斜坡往上走，兩旁都是一片綠，有疏有密，應是原始未開發的樹林，陰暗潮濕。他們走在用瀝青混凝土鋪成的可容人車行駛的坡道，轉了三個彎，豁然開朗，晴空上的陽光無遮掩的灑滿地。中間一棟醒目的大建築，橘黃色屋瓦閃爍著金色光芒，四面褐黃色的牆，廊前立著幾根深紅色的石柱，嶄新、莊嚴，是完工不久的大雄寶殿。

殿前一大片泥土地，凌亂堆著一些木板、石頭。左右是兩排尚搭著鷹架的長形粗胚水泥建築，大殿後方，有四棟「半成品」的房子。寬闊的場地，有人蹲在地上撿石頭，有人搬木板，有人拿著老虎鉗拔模板的釘子，有人挑著扁擔，簍筐裡裝著砂石，約一、二十人吧，有居士、有穿著短褂的法師。零星的遊客和他們一樣直接走往大雄寶殿。

一跨入殿堂，他們即感受清涼、肅穆的磁場安靜的環住身心。三尊面相一樣的銅鑄佛像端坐中央，陳銘輝仰頭望著他們垂眼俯視悲憫眾生的神情，心頭一酸，幾個月來陰霾積壓的沉重已至臨界點，他已無力再走下去，一步之力都跨不出。他兩行熱淚嘩啦嘩啦像噴泉一樣流不停，流得兩頰、脖子、上衣濕漉漉的。妹妹往生後，他第一次哭出來。在佛前。

Kingly 靜靜站在他身旁陪著。聽著法師跟遊客介紹中間結跏趺坐、手結禪定印的是釋迦牟尼佛，東邊手捧摩尼寶珠的是藥師佛，西邊手中有蓮花的是阿彌陀佛，……不知過了多久，周圍沒聲音了，Kingly 轉身張望，遊客已經離開，有兩位婦人拿著香插入香爐，退後幾步，向佛像禮拜。這時，一位穿著土黃色長衫的法師緩緩走到他身旁，遞來一小疊面紙，以眼神示意交給旁邊的傷心人。

痛哭後的銘輝有著淋漓宣洩後的鬆弛、疲倦和平靜。他們走到大殿門口，那位法師趨前，「正好是用餐時間，留下來吃飯吧？」這一說，他們才感覺肚子餓，兩人對望即點點頭。

大殿右後方，一棟水泥灰牆的屋子裡，洋溢著食物的味道。中間兩張長條桌上，擺放四個鋁盤，一個裝著白飯，其他裝著三道菜：滷豆干海帶，炒玉米粒、紅蘿蔔及豌豆，炒青江菜，還有一桶紫菜豆腐湯，擺在另一端。兩旁是十來張長條桌，有人坐著吃飯，有人走動挾菜。

「是自助餐，簡單的飯菜，你們自己來。」法師溫和真誠的語調，讓他們寬心自在。

和其他人一樣，他們用大碗添了飯，再將三樣菜一一放上去，兩手捧著滿滿的飯菜回到桌前，他倆飢腸轆轆卻也小心的一口一口扒著。陳銘輝已經許久沒有餓的感覺，許久忘了食物的滋味。今天這簡單的飯菜，他吃得津津有味，有著喜悅的滿足感。

法師過來問：「素食習慣嗎？有吃飽嗎？」兩人露出爽快的笑容，「很好吃！」「我吃了兩碗！」法師指引他們把碗筷拿去廚房清洗，然後從茶桶倒了兩杯茶給他們，說聲你們休息一下，就離開了，他們坐回原來的塑膠椅。

灰色水泥築成的方形空間，安詳靜謐，正午的陽光從尚未安裝窗戶的一個個方洞中悄悄潛移進來。有幾個人頭趴在桌上休息，偶爾響起輕輕的打呼聲。他們靜靜的喝茶，陳銘輝專注盯著玻璃杯中琥珀色的茶水，有些困乏，轉頭一看，Kingly 已垂頭睡著了。

醒來，發現齋堂只剩他們兩人。外面隱隱傳來木頭、石頭的碰撞敲打聲。

「我們也去幫忙吧，」陳銘輝說：「在這裡吃了一頓飯，白吃不好意思。」

「是呀，走吧！」他們伸個懶腰，快步來到大殿前的工地，加入搬木板、擔石頭的行列。

春陽溫煦，微風徐徐。休息時刻，陳銘輝坐在地上，望著半山腰這一大片土地，除了大雄寶殿有著鮮亮的色彩，其他就是灰撲撲的水泥東一簇西一簇，以及滿地凹凸不平的土黃泥土。他心裡想著：這裡如果是古屋、古蹟式的廢墟，這些凌亂，就是荒涼、頹廢、沒落。但它不是，它是新建的基地，隨著時間日日進展，凌亂會歸序、荒涼會整束而興盛蓬勃。他為這塊土地欣慰和祝福。

隔了兩天，由著心中的想念與蠢動，陳銘輝再度上山。非假日，少了遊客和義工，多了吊車、挖土機、水泥攪拌車和工程人員，轟隆轟隆的聲音不時在空中迴盪。他一眼認出前天接待他們的法師也穿著短褂在工地忙著，找個空檔，他問法師：「我想要住在這裡，幫忙做事，可以嗎？」

法師有些猶豫，「要跟住持說。」請他等一下便離開。約莫半小時回來帶他，「這裡太吵，我們去齋堂。」

走進那天吃飯的水泥屋，一位穿著褐黃色長衫、身材瘦削卻精神抖擻的僧人等著他，陳銘輝有點惶恐的叫了一聲「師父」（心想出家人都是師父吧？）

他約莫五十來歲，被太陽晒成深褐色的臉龐露出慈悲的笑容，含笑中為炯炯的雙眼抹上溫暖的光彩。住持在長條桌前的椅子坐下，也拉出一張椅子讓他坐在對面。

住持靜靜望著他。他主動報出姓名，並述說妹妹慘死、他學業中斷……。

住持溫和的眼神，使他一股腦兒吐出自己的苦處：「這幾個月，我像行屍走肉，像遊魂一樣，靈魂不知飄到哪裡，我心不安、心不定，很痛苦！」停了半晌，「前天我和同學來這裡，感覺這裡似乎可以讓我安頓，安頓我的心。」他沒提在佛前痛哭的事。

「師父，能不能讓我在這裡住幾天，或住幾個月？現在寺院建設中，我也可以幫忙，我不怕吃苦。」

住持專心聽著，問他：「父母會同意嗎？」

「應該沒問題，我爸媽很明理，他們也知道我目前的狀況。」

住持深深望進他的眼睛，暫時被薄翳遮掩的是一雙乾淨、明亮、正直的眼睛。住持點頭同意後，陳銘輝第二天就攜帶簡單的行李住進光明寺。

光明寺連同住持，有六位法師。寮區在大雄寶殿右後方，齋堂的左側，仍未粉刷的兩棟兩層樓建築，中間的一小叢樹林，分隔出法師與居士的寮區。居士寮已住有兩位男士，都是中年人，一位是長期義工，另一位本來在社會的餐廳當廚師，學佛後辭去工作，來光明寺為大家煮三餐，領了微薄的工資，也不計較，和那位義工幫忙採購、打雜各項工作。

陳銘輝與他們比鄰而居，住在一樓。一張木板床、一張桌椅，和靠牆面釘做的木櫃，是小房間所有的配備。他放下行李，義工搬來棉被枕頭，帶他認識環境，走到底端，有廁所、浴室及洗衣、晾衣的地方。銘輝很滿意這簡陋、樸素又乾淨的住處。

他自我要求生活作息和大家一樣。早上五點起床，到大雄寶殿做早課，他喜歡早課誦的〈楞嚴咒〉，開頭的：

妙湛總持不動尊，首楞嚴王世稀有；
銷我億劫顛倒想，不歷僧祇獲法身；
願今得果成寶王，還度如是恆沙眾；
將此深心奉塵剎，是則名為報佛恩；
伏請世尊為證明，五濁惡世誓先入；
如一眾生未成佛，終不於此取泥洹；
……

誦著，心想：什麼是「顛倒想」？長久長久以來的「顛倒想」是什麼？對妹妹的慘死放不下，是顛倒想嗎？「五濁惡世誓先入，如一眾生未成佛，終不於此取泥洹」，如此大氣魄的悲憫宏願，有多少人能做到？每每讀著這些句子，都令他極度震撼與感動！

接下來的咒語非常長，說是佛教的「咒王」。法師們不看本子，閉著眼快速流暢的誦著，兩位居士看著經本可以跟著念。他則結結巴巴，許多字認不得，一停頓，撂過去就跟不上了。

如此悲壯的大願，當然須得「咒王」跟隨，於是他又要求自己要用功把它背下來。

白天配合法師和居士們（後來就以師兄稱呼他們）的指令工作。陳銘輝年輕力壯，勤勞賣力不偷懶，和大家相處和諧愉快。晚上，住持會教授佛學或帶領禪修，也讓他參加。法師說住持來自禪宗臨濟法脈，光明寺是禪宗道場。

寮區有個小小圖書館，大部分的書和禪宗相關。有空檔他就在圖書館一本一本閱讀。佛學的書不如想像困難，經典義理不是完全懂，但映入眼中的文字，如水珠滴入心坎，清涼、平靜。

他喜歡打坐但又怕打坐。結跏趺坐、閉眼、調勻呼吸、心靜、觀空，是無我融入空嗎？說不出，只覺無以言喻的美妙。

但是常常無預警的，妹妹躺在白布下，他掀開布，妹妹那血肉模糊、頭顱破裂的一幕就跳來眼前，有時還會加碼，掉下斷手斷腿的血塊。

他很苦惱。

晚上，小參後他留下來，向師父說出積壓心中許久的疑惑：

「為什麼我妹妹會死得那麼慘？她那麼善良、那麼年輕，為什麼是她？」一直默默聽他講話的住持，猛地睜大眼睛，犀利的眼神盯向他，喝道：「不是她，那該是誰？」

瞧銘輝陡然驚慌失措的神情，住持眼光放柔和，嘴角下垂，悲愴道：「但願是我，如果我能替代她，但是，能替代嗎？能替代嗎？……」聲音沉重至低語。

銘輝深深被震撼！

「各人吃飯各人飽，各人生死各人了。這是替代不了的，」住持清澈的眼睛直直望著他：「每個人都有自己的業力。」

見他茫然的神情，便跟他說明「業」是我們身口意的造作，有善業、惡業，進一步解說何謂滿業、引業；定業、不定業；共業、不共業等等。「你妹妹和同學們搭同一部車，是她們的共業；發生車禍，有人沒事，有人受傷，有人死亡，就是共業中的不共業。」

「假使百千劫，所作業不亡，因緣會遇時，果報還自受。」住持嘆口氣，「業，很複雜、很複雜。」接著以「十二因緣」簡單敘述有情生命三世兩重的因果關係，最後強調「三世兩重是方便說明，其實生命是多世多重、無限的生死相續。」

銘輝專注聆聽，似有所悟。

「銘輝，以後你打坐可以作『念佛觀』，觀想阿彌陀佛的相好光明，觀想你的妹妹已生活在美麗的極樂淨土裡。」

領了一帖妙藥，他打坐不再苦惱而能心安清涼了。

過了一個月，他跟住持提出想要出家的意願。住持知道他將是佛門龍象，點頭應允，但言：「出家是大事，須得父母同意。」

銘輝的父母曾兩度來光明寺探望兒子，見他身體變得結實，精神不錯，都欣慰應該很快就能回學校完成學業。這回接到兒子來電說他要出家，兩人都愣住了！媽媽驚慌不捨，爸爸要他考慮清楚。第二天，打電話回家，話筒那一頭無語，只聞嘆息聲。第三天，不忍再為難兒子，父親說：「你想清楚，你決定就好。」

第四天，他在師父座下披剃，成為出家人。

二十年過去了，光明寺規劃的各項建築大致都完成了，也成為包含比丘、比丘尼共近一百位僧眾頗具規模的道場。

三年前，依照師父圓寂前的付囑，他接下住持的任務。

打坐，意識清晰，觀想隨心，夢中的獨頭意識卻難以控制。弘日法師無奈搖搖頭。一如平常，他起身、梳洗、搭衣上殿。謹記師父遺言：「領眾薰修，弘法利生。」

人間借路行

第三章

光明

江若雪睜開眼，車窗透入的天光已不似清晨明亮，由於鋒面影響，這幾天的天氣是典型的「晴時多雲偶陣雨」。坐在旁邊的若雅還在熟睡中，前排的爸媽也沒動靜，一轉頭，隔著走道的韓子揚深邃的眼眸正望著她，四目相視，她淺淺一笑。

到光明寺慶祝母親節的提議，金琇玲一直興趣缺缺。女兒上小學之後，看到有人來店裡買母親卡，她們也私下跟爸爸要了錢，各自選了不同卡片，寫上幾句祝福的話，當天慎重地交給她。她笑說：「用自家的錢，買自家的貨，送給自家的娘。」不過總是孩子的一番心意，她一整天喜滋滋的。

稍長，她們會拿零用錢去買康乃馨，出嫁的大女兒會送她衣服、手飾等。這幾年，去餐廳聚餐慶祝母親節則成為慣例。

今年，為這節日跑那麼遠，她嫌麻煩。韓子揚說只要報名即可，醫院租了一部車載「客戶」們前往。若雅興奮期待，若雪說沒去過光明寺，想去參訪，最後爸爸拍板：就當作全家去郊遊吧！

早上才八點，他們已經搭計程車來到台北車站東三門。一位中年女士和年輕女孩招呼他們上車，琇玲選了前半段靠窗位置坐下來，江炳昆坐她旁邊，兩姊妹往後坐。一會兒，韓子揚趕到，見若雪一家到齊，歡愉之情形於色，彷彿他們是此行的重要人物。陸續有人上車，四十人座的巴士，約有三十多位乘客。

八點半發車前五分鐘，一個身影跳上車，淺粉橘色的雪紡上衣綴著白色、紅色、黑色的小蝴蝶，襯托出一隻婀娜翩翩的美麗大蝴蝶，她環視一下車廂，走到子揚面前，嬌滴滴說道：「韓醫師，我坐你旁邊，好嗎？」

韓子揚表情錯愕，能說不好嗎？他站起來往後移，讓她坐進去。一時心中動念，想去坐後面的空位，又想，如此太給人難堪了，仍是在原位坐下。心想她怎麼會來？好似回答他的疑惑，「你們家護士小姐告訴我有這個活動，我就來了。」沒說出口的是：知道你有參加，我才來的。

曼妮一上車，就吸引許多人的目光。見她坐在韓子揚旁邊，琇玲豎尖耳聽他們的對話，「妳母親沒一起來？」「我媽才不會來，她沒興趣，她只喜歡打牌。」曼妮又逕自叨念她家貓狗種種事。子揚沒吭聲。待她察覺除了車輪行駛的硿隆硿隆聲，不聞人語聲，才安靜下來。

子揚身體往椅背靠，這一動，曼妮見到若雪了，她心頭一驚！之前在寵物店只匆匆一瞥，竟讓她產生莫名的不安與怵惕。

今日再遇，她也是為韓醫師而來嗎？曼妮腦海裡縷縷思緒竄起，蹙眉不語。

約十點，車行至內石門，從寬敞的馬路即遙見遠方右側蔥鬱墨綠的山丘，矗立著層層疊疊錯落的橘黃色屋瓦，「那是光明寺？」「好雄偉哦！」……大部分的人都是第一次來，好奇、興奮聲喚醒了還在補眠的一雙雙眼睛。

大巴士駛進牌坊式山門，有三門，兩側門略小，中間正門上方金色的「光明寺」三個字，清朗、沉穩，具寧靜之美。

右前方廣場，四輛大巴士、眾多小轎車、休旅車整齊有序停泊著，絡繹不絕的人潮從車裡吐出，大巴領隊舉著旗子、拿著麥克風招呼大家跟他走。不熟悉路的、各自來的，也就跟隨在後面。

穿著白色背心，配戴繡有「交通」紅色臂章圈的義工，嗶—嗶—，響亮的口哨聲，指揮「諾奇隊」的車子安全停妥。等前門下車的人都下車了，江家四人才起身，江炳昆先下車，若雅一手撐著拐杖，在姊姊攙扶下慢慢站起來，走到門邊，若雪往前走下一個階梯，等若雅來到，轉身膝蓋略蹲，媽媽接過拐杖，若雅身體前傾雙手搭上她肩膀，她兩隻手往後圈住妹妹大腿，即輕鬆走下平地，純熟、自然。

偌大的廣場，熙熙攘攘，車子移動、人群走動、小孩子奔跑躁動，加上吆喝聲，嘰嘰喳喳交錯成一大片混聲。

「韓醫師呢？」曼妮四處張望問道，見到帶隊的護士又再問一次，尖銳的聲音聽出心中的焦慮，多雙眼睛也跟著搜尋。

不久，韓醫師推著一台輪椅從前面走來，推到若雅旁邊，說道：「光明寺很大，到大雄寶殿、講堂，路途都有點遠。」

「你想得真周到！」琇玲笑嘻嘻誇讚他。

「你怎麼知道這裡有輪椅？」若雪問。

「我來過兩次，印象中在接待處有擺放，讓遊客借用。」

「韓大哥，謝謝你！」若雅綻開笑容，慢慢坐上去。若雪蹲下來，將她雙腳在踏板放妥，並理順裙襬。

若雪推著輪椅，全家跟著隊伍往前行。

曼妮眉頭微蹙，靜靜望著這一幕，心中五味雜陳，韓醫師跟這一家人的互動讓她吃醋。不過，令她心頭如刺般不安的女生，對韓醫師的態度客氣、生疏，似乎兩人尚未交往，她心情才又變好。

這一團的人員都是諾奇動物的主人及家人，韓子揚在隊伍旁前後走動關照著。他穿著淺藍細條紋休閒襯衫、灰黑色長褲，一樣的英挺俊朗，卸下白袍，閒適輕鬆的神情，如鄰家大男孩。

銀白色陽光羞怯怯地撥開灰濛濛的雲層，初夏的天空，不刺眼，微風習習。行走在寬廣的水泥地，仰望氣勢恢宏的大雄寶殿，歡喜與崇敬的心情油然生起。

大殿前兩側走廊，穿著藍黑色滾紅邊旗袍的師姐，端莊親切微笑的迎接大家。進入大殿，則有法師引導他們依序往左右兩單，在一列列拜墊旁站定。若雪推著輪椅和若雅一起往後面的牆壁靠。

佛像前，兩層深咖啡色桌櫃上，除了香爐、燈燭、鮮果等供養，兩旁排滿紅、粉紅、紫、黃各色康乃馨，在天花板水晶吊燈照耀下，光鮮亮麗，為莊嚴的殿堂添增一抹溫暖的喜氣。

鼓聲咚咚咚響起，清脆的引磬聲噹一下，即見四位身著黑海青、黃袈裟的法師，在大眾合掌中，分兩列緩緩走進來，接著是披搭黃海青、紅祖衣的和尚沉穩行至中央圓形拜墊前。

若雪心中一驚：「是在諾奇遇見的法師，原來他是住持！」

〈爐香讚〉、三稱「南無消災延壽藥師佛」、二十一遍〈藥師灌頂真言〉、三皈依、回向，半小時簡單的法會程序之後，弘日法師開示：「身為母親的艱難與偉大，她們守護兒女，如同佛菩薩護佑眾生……以此法會回向給每位母親，祈願她們都能身體健康，平安幸福。」並言常住準備了康乃馨和蛋糕送給每位母親，也可由兒女帶回去給母親。

肅穆的唱誦轉為輕鬆柔和的音樂，眾聲如雨後天晴，各種鳥兒紛紛興奮的低語聒噪。

「二姊，我想去拿康乃馨。」若雅抬頭望著姊姊，若雪微笑點頭，先去跟媽媽說一聲，就帶她跟在領禮物的人群後面。經過曼妮身邊，見她一人呆立不動，若雪輕聲問她：「妳不去拿花嗎？可以帶回去給妳母親。」若雪主動和她講話，曼妮吃了一驚，回道：「我媽媽她才不在乎——」似乎警覺不太妥，停住口。

若雪愣住，望向這張光鮮明豔的臉龐，兩排長睫毛眨呀眨，掩不住眸子閃出的孤獨與落寞。於是她溫和說：「做母親的表面說不在乎，其實心裡還是高興的。」順手把她往前推。

「謝謝師父！」若雅接過花朵和蛋糕，對著這位長相清秀、和藹可親的女眾法師說：「能不能也給我姊姊，讓她也可以送給媽媽？」

「當然可以！」法師抽出一枝不同顏色的康乃馨和蛋糕，拿給若雪。「法師，蛋糕不用，一盒就夠了。」「沒關係，妳們也可以吃呀。」

一枝一枝的康乃馨，插在裝著水、不到十公分長的透明小塑膠管裡，再用玻璃紙套著，美觀又能保新鮮。

姊妹倆回到爸媽身邊，鄭重又喜悅地送上花及蛋糕，「媽媽，母親節快樂！」琇玲笑容滿面地接受。

「妳們倆是『借花獻佛』呢！」琇玲開心揶揄。爸爸環視全場，笑道：「每一個人都是借花獻佛哩！」突然，若雪說不對，剛好相反，我們是「借佛之花來獻給母親」。「對喔！」一時笑聲暫停。琇玲說：「一樣啦！都很好啦！」他們即隨著人群離開大殿，走往後方的齋堂。

琇玲穿著大女兒買給她的新衣，亮面紫色上衣，淺灰底描有淡紫花紋的寬裙，平添不少風韻。若雪烏黑秀髮綁在腦後，邊走路邊不時轉頭和媽媽交談，馬尾一甩一甩，從香檳色T恤露出的潔白細嫩頸子，讓走在後面的韓子揚，心神蕩漾的凝望著。

「韓醫師，你沒有帶媽媽來？」不知曼妮何時來到身邊。

「我家住台中。」他回過神，簡單回應。

用完午齋，糾察法師宣布下午一點半在大講堂有講演，歡迎大家前往聆聽。大講堂就在齋堂後方，爸媽和若雅直接搭電梯上去。若雪看看手錶，還不到一點鐘，她想四處逛一逛。

齋堂後方仍是一片蓊鬱的樹林，東西兩地各有一排也是橘黃屋瓦的房舍，掩映在蒼翠樹影中。若雪稍猶豫，還是往大雄寶殿的方向沿旁邊的長廊緩步行走。

逢假日吧，三三兩兩的遊客（或信徒）迎面交錯，也遇見兩位身穿褐黃色長衫的法師，微笑跟她說「阿彌陀佛」並告知講座的訊息，她合掌回道會去聽講。她發現這裡的法師很和藹可親，恬淡的笑容頗能溫潤人心。

客堂外面的牆上張貼著道場的公告，和最近的行事活動等海報。若雪佇足瀏覽，有禪七修持、暑期兒童夏令營、短期出家等訊息。最醒目的是今天講座的海報，寶藍色大大的標題：「護生知多少——人間法師 vs 動物醫師」，下面是法師與醫師的相片。若雪凝視穿著白袍的唐仁君，濃眉下一雙爽朗坦率的眼睛溫柔的回望她。

廊外，啾啾、嘰嘰，各種鳥鳴此起彼落，似在開音樂會。突然喀嗤喀嗤作響，若雪轉身，看到兩隻灰色松鼠在樹幹枝椏間追逐跳躍，蓬鬆大尾巴甩呀甩的，煞是可愛！甩出她心中的童趣與單純的喜悅。

她腳步輕快的從左到右繞了一圈長廊，然後小跑步爬上齋堂後面的斜坡。

講堂大門前有幾個人站著在找人、等人。韓子揚也焦急張望著，見到氣喘吁吁的她，趕緊帶她走到中間若雅旁邊的座位，「姊，妳跑去哪裡啊？都快開始了！」爸媽也投來疑惑的眼神。

能容納五百人的座位已坐滿八成，人影還在晃動，人聲還在游移。「各位來賓午安，歡迎大家前來聆聽講座，講座即將開始，請儘快入座。」字正腔圓，清脆又熱情的聲音響起，整個空間才安靜下來。

弘日法師先介紹唐仁君，說他們是大學的同學，由於因緣不同，一個成為動物醫師，一個做了人間法師。這樣的開場白很吸引人，讓大家專注地聽下去。接著他說明佛教的護生觀念是緣於慈悲、不忍眾生苦。對於「放生」被視為做功德、消災延壽的善舉，法師則導正：放生是放牠一條生路，原是善心美意，但是為了有人要放生，就去捕鳥抓魚來賣，變成有利可圖的商業行為而變質扭曲了。尤其在一捉一放之間，動物的驚恐、死傷，又該怎麼算呢？放生等於放死，此風不可長。

唐醫師說他喜歡動物，所以選擇當動物醫師。他問聽眾：「當醫生的，對來看診的病人，能擁抱嗎？」大家搖頭。

「我呢，就能常常擁抱我的病患！」他的幽默，引來熱烈掌聲。接著談醫病之間種種溫馨感人的故事、對待動物除了照顧也應具有同理心與尊重，他舉例：有些飼主把貓狗當成人，在牠們頭毛上用緞帶綁個蝴蝶結、腳趾塗上紅色指甲油，你們覺得漂亮嗎？牠會喜歡嗎？講得難聽，有點「變態」！

還有，冬天為牠穿上厚衣服、鞋子。牠們身體有與生俱來的毛衣裹著，還需要人造毛衣嗎？另外，嬰兒車裡坐的不是嬰兒，而是四隻腳的小狗……各種現象，莞爾也令人深思。

最後的結語，弘日法師說明：護生，是愛護人及動物等一切有情的生命。廣義而言，也包含物品妥善愛護，可以延長使用的壽命；要珍惜光陰，浪費時間，也是浪費生命。

唐醫師呼籲：以收養流浪動物來代替購買寵物。講了這句話，他苦笑地自我解嘲：「會帶來醫院看診的大多是寵物，少了寵物，我的醫院也要關門了。」話鋒一轉，「不過，我是動物保護協會的會員，也應該關心流浪動物的處境和生存。」

一個半小時的講座很快就結束。兩位講師是多年好友，默契十足，以他們相互交疊的專業，懇切又風趣的娓娓道來人類與其他生命共生共存的重要議題。

若雪很專注聆聽。唐醫師望著貓狗時那雙真誠、溫和又深情的眼睛，不時映入眼簾。

回程，大巴士開到台北車站，陸曼妮直接搭計程車回家，江家四人和韓子揚搭乘捷運回松山。出站後，若雪發現媽媽手上有三枝康乃馨，不知何時除了紅色、粉紅色，又多了一枝紫色的花。

國光

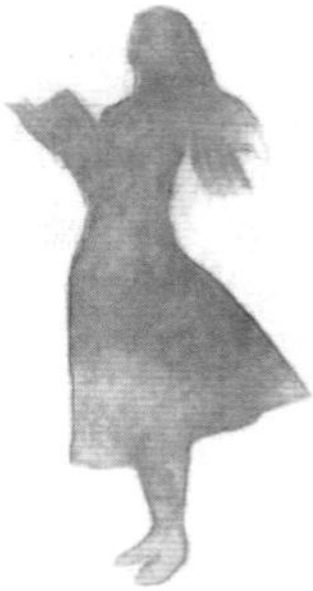

週日早上近十點，陸曼妮才懶洋洋起床、梳洗。在餐桌前坐下，阿桂端來一杯鮮奶和一碟蘋果，可可慢慢踱來，抬頭看她一眼，算是打了招呼，繞一圈又回到牠的窩裡。妞妞喵喵叫兩聲，曼妮吃完最後一片蘋果，愛憐的抱起牠，鼻子親暱的撫揉牠臉頰，「嗯—乖、乖—」

客廳很安靜，她看陸世峰的工作室門開著，抱著貓走進去。「哥，爸爸媽媽出門了？」「應該是吧。」世峰隨口回道。他站在畫架前，左手端著顏色盤，專注的眼瞳直盯著右手的運筆，表情莊重卻又散發著溫柔喜悅的光輝。

「在畫什麼呀？」曼妮好奇靠過去，朝畫布斜睨一眼，登時一驚，還在細胞逗留徘徊不去的睡神一溜煙逃竄而去！

「你怎麼認識這個女生？」高八度尖銳聲，世峰不禁停下筆，轉頭訝異看著妹妹，「ㄟ—妳認識她？」

週二早上的國文課是十點開始，江若雪仍習慣八點前出門。搭捷運，在三重站下車，到學校的路程不用半小時。路上行人、車輛不多，除了早餐店正活絡，兩旁的商店大多尚未開門。

初秋，微涼。江若雪揹著背包，安步當車，愉悅走往她心之所繫的學校與學生。

突然，強烈的碰撞聲在身旁爆開，一位婦人從機車上摔倒在地上，前方的小型貨車停頓幾秒又猛然急駛離開，路人喊著拍車號，已來不及。若雪跑到婦人身旁，她的安全帽掉落旁邊，額頭滲出鮮紅的血，身子蜷曲，皺著眉頭，不勝痛苦的哀嚎。兩三位行人遠遠看一眼就趕路似的離開，正好一輛計程車駛過來，若雪攔住，「忍耐一下，我帶妳去醫院。」扶起婦人坐上車，匆匆請路人將機車移到路旁，請司機開到最近的醫院。約莫十分鐘，找到一家中型的綜合醫院。

婦人額頭的血已止住，躺在急診室的診療床上仍撫著腹部直喊痛。醫生擔心是否內臟或骨頭有撞傷？有沒有腦震盪？「妳是她家人嗎？」若雪搖搖頭，並說明車禍情況。婦人說：「我叫我先生過來。」護士幫她撥了電話，她對著話筒忍痛啞著聲音說：「我被車子撞了，在醫院，你趕快來！」

若雪看看手錶，九點半，心中焦急上課會遲到，但又不忍心讓婦人單獨留著。過了一刻，一位頭髮凌亂，滿臉焦慮的中年男子奔進來，操著外省口音急切問著：「怎麼啦？怎麼啦？」看到若雪站在妻子旁邊，狠著臉兇道：「妳怎麼把我太太撞成這個樣子？」

婦人趕緊說：「不是她啦，這位小姐好心帶我來醫院的。」

外省丈夫才緩下臉，直說：「對不起、對不起，謝謝妳啦！」若雪微微一笑，跟婦人說：「妳先生來了，我要趕去學校，妳多保重！」

走出醫院，坐上計程車，來到學校門口，正好聽見十點的上課鐘敲響。付了車錢，她拉開車門即奔跑至辦公室，放下背包，拿出課本，快步走進教室，待同學起立、敬禮、老師好，如禮行儀坐下後，她深呼吸幾下，才開口先為自己的遲到向學生致歉。「還好啦！」「才差幾分鐘！」學生們真心包容老師的遲到。

下課，若雪走進辦公室，還沒坐下來，就聽到熟悉的粗跟高跟鞋叩叩叩由遠而近跨入門口，來到眼前，「江老師，妳今天上課遲到了！」伺機抓到把柄的勢頭高昂著，也不管辦公室還有其他老師，下課時間還有學生進出。

「對不起。」若雪垂眼道歉。

「當老師的要以身作則，不要以為我們是職業學校就可以隨便，掉以輕心……」

聽到這些話，若雪深覺委屈，臉色蒼白，強忍住淚水，再低聲說一次對不起。訓斥完畢，教務主任又叩叩叩離開，一身米色套裝襯出她依然窈窕姣好的身材。

前任的教務主任因病離職，校長提拔他的親戚賴老師接任。新官上任，處處燎原，好大喜功的她，火熱火熱提出各種改革計畫，卻是畫了大餅懸掛著，只讓蟲蟻來啃噬。這也不打緊，她生性多疑，敏銳犀利的雙眼總在偵查別人的汙點，自認是伸張正義，而她的正義卻是因人因事而有不同標準。開會或聚會時也常以其伶牙俐齒大肆批判。呂佩瑩形容她是「假正義之名，行個人喜惡之褒貶」。

原本賴老師對若雪的態度就不太友善。同事觀察，曾八卦言：同樣是國文老師，江老師教學比她好，比她受學生喜愛；同樣是長相不差的女生，江老師比她漂亮，而她已過中年，江老師還年輕……。想是嫉妒小蛇在心中竄跑吧。

鄰座林老師關心問她：「妳身體不舒服嗎？為什麼遲到？」

「路上有人被車子撞傷，我送她去醫院。」若雪簡單回答。「剛才為什麼不說明？」「我不想跟她說。」林老師點點頭表示明白，就上課去了。

她到飲水機倒杯水，坐下來，從早上出門到現在沒喝一口水，喉嚨乾澀，心情有些沮喪。自己遲到是不對，應該要致歉。但是兩年來自覺認真教學，打從心底喜歡這裡的環境、學生、同事，未曾因為是職業學校而輕慢它。如此被誤會、被指責，最是令她難過。

呂佩瑩今天沒來，無人可傾訴。中午吃完媽媽準備的便當，她不想留在學校。想起上個月韓子揚帶她去的大安森林公園。洗好便當盒，收拾一下桌面，她走出校門，搭上捷運來到森林公園。

走在寬闊、各種蒼翠樹林蔭蔽的石子路上，綠葉隨風輕舞，小鳥開懷伴奏。若雪抬頭，緩緩吸氣，緩緩釋放，吐出整個上午緊繃又鬱卒的心緒。

非假日，遊園的人不多，她走到「自然生態園區」，上回即是和韓子揚坐在木椅上觀看池中的水鳥。坐在同樣的木椅上，她心中閃個念頭，打了電話給他，響了兩聲，趕緊掛掉，他可能正在看診，不能打擾。

墨綠池水，漂浮著水草、浮萍，它是魚、龜、各種禽鳥的家園。好多隻小白鷺不時在水面輕盈點水，又飛至中間島上佇足環視周遭，一派自在逍遙。突然一隻大白鵝從左邊搖搖擺擺走過來，咦，牠什麼時候上岸的？一身雪白，昂著長長的脖子，黃黑色嘴巴鮮明如皇冠，後面跟著一隻黑色摻雜紅綠羽毛的鵝（或水鴨？），牠們像總司令閱兵般目不斜視，徐徐走過她面前，往右行去。

若雪滿心雀躍，眼睛跟著牠們移動。

就在這一刻，水島的另一端，陸世峰無意撞見了這一幕，那一張秀麗絕俗的臉蛋，綻開著如小女孩般天真無邪、嬌憨可掬的笑容，令他怦然心動，心中想著要畫下來，但來不及，他即刻用手機捕捉，想回去再來慢慢畫。身為繪畫藝術人，他深知「肖像權」不可侵犯，又沒勇氣去說明，便心虛的匆匆離開現場。

四點多，韓子揚來電，若雪很少主動打電話給他，擔心有事。「對不起，剛剛和唐醫師幫一隻哈士奇動手術。」

「牠怎麼啦？」

「腹部長了腫瘤。」

若雪說她在大安森林公園，也簡單敘述早上因救人而遲到、被訓斥的事。子揚專注靜靜聽完，約她一起用晚餐。

今天晚上夜間部沒課，不過若雪覺得仍須去學校一趟，如果班上沒事再離開。於是相約在三重國中捷運站附近的素食麵食店，這是他們偶爾為填飽肚子兼方便會面的地方。

子揚點了紅燒麵，若雪喜歡清淡的陽春麵，另外叫一盤滷味、炒青菜。子揚深情端詳著若雪，半個月沒見，一樣綁個馬尾，一樣是素雅的穿著。他發現若雪穿在身上的服裝，只有兩種顏色，上衣不論是T恤或襯衫，設計款式或有不同，但顏色只有一種，灰色、米色、灰藍等中間色調，長褲則是黑色，以及藍色牛仔褲。饒是如此簡單樸素的穿著，仍掩不住她的秀麗和優雅出眾的氣質。

邊吃邊聊，談起早上的事，「不知那位婦人情況如何？」若雪有些掛念。

「那時候妳應該先叫救護車和報警的。」

「叫救護車？還要等，叫計程車比較快！」

「若雪，妳要懂得保護自己，」子揚鄭重說道：「救人和救貓狗不一樣，牠們不會藉機誣賴、敲詐。如果遇到車禍、事故，一定要報警、要叫救護車，不要自己處理。」

「難怪，路上的行人都不敢靠過來，只有我傻傻的。」她若有所思，婦人的先生原本不也以為是她撞傷妻子的。

「妳是菩薩心腸。」子揚憐惜望著她。

走出麵店，方才六點，天空已灰濛濛，兩旁路燈已點亮。若雪要去學校，叫子揚先回松山，子揚說等她一起回。想到遲到挨罵之事，「你們教務主任脾氣不好嗎？平常對妳怎樣？」

「也不是脾氣不好，是有點情緒化。」若雪苦笑：「她喜歡聽讚美聲、掌聲，我又不太會阿諛、逢迎。」

感覺到她處境之為難，子揚伸出手臂摟著她肩膀，溫厚暖流瞬間觸擊心坎，若雪臉上發熱，輕輕掙脫，逕自往前走，子揚怔一下，跨步來到她身邊，右手輕輕握住她左手，冰涼的小手再度掙扎，他緊緊握著，轉頭凝視，昏黃的路燈和商店射出的光線，映照出一雙滿溢愛憐又熾熱的眼睛，四目交接，若雪被灼傷似的匆忙移開。被一隻大手握著、牽著，有種溫暖、安全又安心的微妙感覺。

韓子揚握著不再冰冷的細嫩柔軟小手，只盼這條路綿延無盡。

新興路再過去就是學校，快到路口，若雪抽出手，又特意拉開距離，「不要送我了，我怕學生、同事看到。」子揚狡黠一笑，心中念著：「我巴不得全世界的人都知道我是妳的男朋友！」

他們約好在十字路口的全家便利商店見面。若雪左轉，往學校的方向行去，子揚在附近閒逛。

黝黑的夜空，半輪秋月懸掛，校門口及旁邊守衛室的日光燈迎進夜間勤勉的學子，騎腳踏車、機車的學生，將車子停靠右邊牆內車棚。雖然沒課，若雪仍習慣敲鐘前去班上巡一下。走廊上奔走的學生紛紛「老師好！」「老師好！」喊著，她一一微笑回應，這學期開始，她多了一堂女生班的課，女學生見到她也開心靠近。她在高二丙教室後方看一眼，沒人缺席就離開，哪怕只逗留幾秒鐘，她放心，學生也因班導師的關注而安心。

站在辦公室前，望著空曠、靜謐、幽暗的操場，想起第一次的開學典禮，學生把她當成女同學的畫面。兩年來，從生疏到熟悉，這些大男生的言行也由粗魯慢慢變得文明有教養。

記得才教學半年，有一天剛到學校，就被訓導處告知，她班上的同學和隔壁班同學前一天在校外打架，被抓到警察局，訓導老師接獲通知，把這四位學生領回。男生打架很平常，但鬧到警察局就麻煩了，學校不能不處理。

隔壁班的班導是男老師，他在課堂上嚴厲訓斥一頓，還撂下一句話：「以後想打架，有種就來找我打吧！」莫說是老師，他那高壯的體魄，還真沒人敢碰呢。

江若雪生平沒遇過這種事，的確是驚慌不知所措，站在講台上，她臉色凝重，顫抖生氣的說：「大家來學校讀書，除了學到知識，充實各種能力，更重要的是能在道德品行上有所增長，做個有修養的文明人……」

她聲音漸漸低微，「打架、動粗，能解決問題嗎？只會留下汙點，讓老師、家人擔心……」哽咽說不下去。

台下學生原本默然、低著頭，發覺老師聲音有異，抬頭看到她兩行淚水流下來。她自覺失態，轉身拭淚。待心情稍平復，回過身來，竟然看見班長帶著兩位打架的同學跪在台前，她忙不迭地叫他們起身。兩位同學慚愧低聲說：「老師，對不起，以後我們不會再打架了。」

從此，「我們要學好，不能做壞事，不能讓老師生氣、擔心」，成了這班學生相互提醒和約束的規矩。而「江老師用眼淚感化學生」，也成了校園的一樁美談。

唉，我怎麼那麼愛哭？幸好早上被責備時沒哭出來，不值得！

七點半了，她走出校門，新興路轉進重安街，遠遠就看見韓子揚站在全家便利商店門口，似有感應，韓子揚同時轉過身也看到她了。頓時，夜色下，來往的行人，行駛交錯的車燈，彷彿全被刷白消失了，他只看到一個輕盈柔美的身影一步一步移近。

「對不起，讓你久等了。」

子揚只咧開嘴傻笑望著她。若雪見他手上多了提袋，「你買了什麼？」他恍然清醒，「買了麵包，明天的早餐，我的，還有妳們的。」「謝謝你，不好意思，又讓你破費。」

松山捷運站下車，松隆路兩旁商店還正熱鬧。若雪的家先到，街道右轉時，子揚也想跟著走，她阻止，「改天再來吧！」他悵然若失，只好將一包麵包遞給她。一個人繼續往前走。

一整天的折騰，她累了，只想回家洗個澡，好好休息。

畫布上已畫好線條，還沒完全上色。陸世峰把手機裡的相片給曼妮看，確定沒看錯人。

隔一會兒，曼妮問道：「哥，你覺得她漂亮，還是我漂亮？」世峰詫異看一眼妹妹，不是開玩笑的表情，沉吟片刻說：「妳漂亮，她美麗。」

「什麼話，不都一樣嗎？」

「不一樣，美，是包含了內涵、氣質。」

「你是說我沒有內涵、沒有氣質？」她狠狠瞪哥哥一眼，嘁嘴嘀咕。

世峰沒理她，繼續畫圖。綠樹為背景，白鵝黑鴨是點綴，秋水芙蓉般的佳人，如何從顏料細描中繪出她的神韻？

曼妮走出去，沒多久又趿著拖鞋踱進來。「哥，你想認識這位小姐嗎？」

「怎麼？妳認識她呀？」他隨口問道。

「認識呀，她叫江若雪，當老師的。」

他放下筆，不可思議的臉色閃著欣喜的光彩。

曼妮竊喜，心中冒出一句話：「把情敵變成嫂子！」

跟江若雪才接觸兩次，但看起來她個性不錯，又是教書的，爸媽應該不會反對。她眼睛咕溜溜轉，腦袋思考，怎麼讓他們認識？

「哥，你們畫廊有辦什麼活動嗎？」

「很少，除了為新的特定的藝術家的作品作宣傳，會有開幕儀式。」陸世峰想一想，「有位澳洲的藝術家，他喜歡中國傳統繪畫，年初曾經來找我談，想把他的作品在台灣展出。我們正在規劃，倒是可以辦個開幕茶話會。」

「那好，我邀她去你畫廊！」曼妮喜出望外。

去年到光明寺參加母親節祈福法會時，帶團的諾奇護士曾和她聯絡過。她撥電話給這位護士，說有事找江若雪，請告知她的電話。護士心想都是醫院病患的飼主，又曾同車出遊，就給了她。

接到她來電，若雪很訝異，聽到邀請去參加她哥哥畫廊的開幕式，更是一頭霧水。嬌媚又熱情的語調，有些不習慣，忽然腦中浮上在光明寺大殿，大家歡喜去領康乃馨，她一人呆愣落寞的神情，不忍心拒絕。「江老師，給我妳家地址，我寄邀請卡給妳，上面會有地點、時間。」

一個半月後，週日下午，江若雪來到敦化南路的「青峰藝術空間」，歐式白色弧形大門兩側，立著鮮紅粉紅花朵紮成的高架祝賀花籃。進門，接待人員請她簽名。右邊排有約三、四十張白色靠背椅，入座的人有一半以上了，有的則在觀賞牆上一幅幅圖畫。這時，陸曼妮出現，滿面笑容親熱挽著她在第一排坐下。

不久，陸世峰和一位銀白色頭髮、體型略胖的外國人走到前面。陸世峰平常不修邊幅，今天特地理了頭髮、剃了鬍鬚，白襯衫外面套著剪裁合宜的灰色西裝，也是風姿翩翩，英俊瀟灑。他歡迎大家前來參加畫展的開幕，之後介紹這位澳洲藝術家卡勒先生的生平及展覽因緣，特地說明這些作品不僅技巧精湛、嫻熟，他的畫風、意境、氣韻絕不輸中國有名的畫家。講完再用英語說一遍，讓卡勒先生與他的朋友了解。

卡勒先生也用彆腳的中文和大家打招呼，接著以他母語述說他對中國畫的喜愛、習畫的過程等等，陸世峰翻譯時用「驚豔一生」來總結他與中國繪畫的情緣。

世峰在前面講話時，已看到坐在妹妹旁邊的江若雪。開幕式結束，趁導覽空檔，曼妮趕緊介紹他倆認識，並炫耀說：「我哥哥不只經營畫廊，他也是畫家呢！」世峰搖搖手，謙虛道：「別亂說，我的畫上不了台面的！」

若雪感興趣問：「今天有展出嗎？」溫婉乾淨的聲音，他側頭回道：「本來有幾幅，卡勒先生的畫張數多，就先撤下來。」

「我們家牆壁都是哥哥的畫，哪天妳可以來我們家看。」曼妮興致勃勃慫恿著。

大安森林公園那張畫完成時，曼妮提議今天掛上去，讓江若雪驚喜一下。他不同意，自覺偷拍偷畫，於理有虧，萬一她生氣……。還是等熟悉後再送給她，也可當面剖白解釋。

天涼了，今天若雪沒紮馬尾，任烏黑長髮垂肩，更顯膚色的晶瑩雪白。陸世峰和卡勒先生一起為大家導覽，曼妮有意拉著若雪跟在他們旁邊。呈弓字型的空間，白色牆壁上，前面是卡勒先生的作品，有梅蘭竹菊、山水畫，及歷史人物畫，如：達摩祖師、岳飛，秦叔寶、尉遲恭兩位門神。主題展出後，是各藝術家的作品，油畫、素描、水彩，內容不論風景、人物、動植物，都有鑾高的水準。

走到後方，有個小吧台，兩張長形方桌上擺著一盤盤中西式小點心，蛋糕、三明治、蛋塔、小籠包、燒賣、蘿蔔糕，以及咖啡、茶、果汁、香檳等飲料。眼睛飽賞美畫之後，身體感官進入輕鬆、熱鬧、香甜的另一時段。若雪拿著小碟子挾一個蛋塔，端一杯咖啡，坐在曼妮旁邊。她很高興今天多交了一位朋友。

歸訪

傍晚，患者都離開了，護士開始收拾。唐仁君請韓子揚到院長室，坐定。

「子揚，有一件事跟你商量，」唐醫師慎重開口：「我有位學弟去年去上海開了動物醫院，經營一年，他發覺需要有台籍的醫師協助，向我求救，你願意去嗎？」

韓子揚不可置信的表情，滿臉疑惑。唐醫師補充說明，在動物醫療方面，台灣比大陸發展得早。但隨著大陸的經濟突飛猛進，以及單身族、頂客族越來越多，養毛小孩陪伴解悶已是風潮，這不只大陸，是全球普遍的現象吧，動物也有生老病死，因此動物醫院就如雨後春筍一般。

「我這位學弟也跟著去上海創業，他那裡目前只有大陸籍的醫師。由於兩地在觀念、技術各方面仍有一些不同吧，他迫切想找台籍醫師去。」停頓片刻，「你一畢業就來諾奇，將近五年了，你很優秀，是好醫師，所以我敢推薦你。另外兩位，還是新手，我不放心，他們還要多多學習、累積經驗。」

唐醫師說了一串話，韓子揚只是默默聽著。

「怎樣？你不願意去？」唐醫師見他面有難色。

「我、我要跟父母親商量。」他遲疑地說。

唐醫師點點頭，「是應該跟家人說一下，確定後告訴我。」

韓子揚又吞吞吐吐：「還有，我和若雪、江老師正……」

「江老師？咦！你和江老師在談戀愛？」唐醫師睜大眼睛吃驚問道。

「還沒有，才開始交往。」他不好意思地說。說出心中的祕密，他鬆了一口氣。

唐仁君回憶起兩年前，江若雪帶小貓來打疫苗，遇上弘日法師，他們三人在這裡聊了一陣子。事後，弘日法師對他說：「Kingly，你要小心，這女孩鸞喜歡你的。」他大笑斥為荒唐胡言。

法師嚴肅說道：「她是好女孩，如果你不是有家庭、有妻兒，她是好伴侶。」沉思片刻，又說：「而且，她是佛門中人。」

「你是說她會出家？」

「不知道，要看她的因緣。」

腦中浮現當時的畫面。他望著子揚端正英俊的臉龐，這是一位做事認真、有責任感，為人篤實厚道的年輕人，和江老師倒是很適合，會是一對幸福佳偶，他也頗欣慰。

「你擔心以後見面不容易？上海離台北不遠。」他理解安慰道：「你先去幫忙，或許半年、一年，他們經營上軌道，或者有其他台籍醫師過去，你就可以回來。」頓一下，又說：「上海是大都會，一個進步的城市，有許多值得學習的地方，你應該去見識見識。」

子揚不好再拒絕，「如果我父母同意，請問我什麼時候過去？」

「過完年吧。」唐醫師很高興完成任務。

晚上，子揚打電話給爸媽，他們尊重兒子的決定，也認為出國學習，增長知識是難得的機會。問若雪，她也是回答：「你自己決定。」

比起台中父母的平靜，若雪的淡定，赴上海之事，卻是在江家掀起一些漣漪。他週日依約去天祥吃午餐，聽到這消息，琇玲馬上叫起來：「上海？那麼遠！不要去吧！」

江炳昆仍是沉穩的口吻：「還好啦，又不是牛郎織女兩不相會，搭飛機兩小時就到了。」

妹妹則是興奮的說：「我們可以去上海看韓大哥！上海有迪士尼，有同學去過，說很好玩耶！」若雅這句話在烏雲凝結的空氣裡灑下幾滴清涼水。

琇玲又皺起眉頭，「聽說上海的女人很厲害，你不要被母老虎叼走了！」「母老虎？老虎不是在動物園嗎？怎麼會出來吃人，太可怕了！韓大哥，你不要去吧！」童言童語，令人哭笑不得。

每個人各懷心思，悶悶吃完這頓飯。飯後，子揚仍然幫忙洗碗，收拾善後，琇玲也幫他打包晚餐的便當。離開前，他跟琇玲說：「伯母，我爸媽還沒見過若雪，我想帶她去台中一趟，好嗎？」

「不要！」若雪本能反應，心中嘀咕：「為什麼不先問我？」她知道媽媽總是站在他那邊，求我不如求媽媽。果然，「是應該去拜訪你父母。你跟我們那麼熟了，我把你當成自己的兒子，竟然他們都不認識若雪，有點不公平。」

若雪知道韓子揚無論學歷、職業、人品、長相各方面條件都不錯，對自己也是真心付出感情，和他在一起，心裡很踏實、很舒服，但是她並沒有「定」下來的感覺。

生長在平凡、小康、溫暖和諧的家庭，家、學校、西淨寺三處，是她生命主要基地。惠守法師是她親姨媽，幾次提及等她出家，以後寺院就交給她，由她接棒當住持。不過爸媽的心思不同，傾向她走一般女人的人生路，有個幸福美滿的婚姻。

出家或出嫁？都不是她迫切的選項。大學時也不乏追求者，但都被她冷淡無情的避開了，是生性不著意於此，或是受西淨寺環境與僧尼的薰習？她自己也不曉得。對父母，她有深深的孺慕孝順之情；對手足，尤其是不良於行的妹妹，她的牽掛、照顧，往往超乎常情至焦慮地步；對朋友，她能真誠相待；對動物，她付出慈悲關愛，能說她無情嗎？

歐陽修的〈玉樓春〉詞中：「人間自是有情痴，此恨不關風與月。」是否她雖情感豐沛，此情只不涉男女風月？

她不想去。媽媽像哄勸小孩子一般：「就當作去台中玩玩，順便去他家一趟吧。」

韓子揚將一盒蜜蘋果放到上方行李架，這是江媽媽要若雪帶給他父母的見面伴手禮。他坐下來，見若雪面露不安神色，側身握著她冰涼的雙手，「妳會緊張？」她小嘴一扁，不作聲。出門前，媽媽見她仍是上灰下黑的穿搭，要她換穿稍微暖亮的淺灰粉紅棉衫。

「我爸媽人很好，妳不用擔心。」

「你家裡還有誰？」

「還有一隻狗，牠名字叫黃豆。」他咧嘴逗她笑。

「我有個姊姊，已經結婚，也住在台中。今天和姊夫、小女兒回娘家，他們會先到高鐵站接我們，再一道回家。」韓子揚心情很好，繼續說：「我父親以前在鐵路局工作，現在退休了。我喜歡坐火車，小時候，爸媽有空會帶我和姊姊坐火車四處旅遊，那時還沒有高鐵，自強號火車是最快最高級的交通工具。」

他的神情彷彿馳往童年，去了哪些地方，不全然記得，但是一家四口坐在車廂裡的親密、快樂，是歷歷在目，一輩子忘不了的。出門前，媽媽會買乖乖，義美夾心酥餅乾，自己水煮玉米，滷好雞腿、雞翅、雞爪，再帶上橘子、葡萄、香蕉等不沾手、方便食用的水果和水壺。

印象中，他都跟著媽媽坐，姊姊和爸爸坐一起，有時他會坐在前方腳踏板上，和媽媽面對面，或跪在椅上，隔著玻璃窗望著外面快速飛過的風景。他們三人吃雞腿雞翅，媽媽喜歡啃雞爪。黃白玉米，媽媽不是整根橫著用嘴咬，是一粒一粒剝下來很優雅的放進嘴裡嚼，有時也塞進他嘴巴。一根玉米，她可以從上車吃到下車。黃玉般的玉米粒，讓媽媽如此怡然閒適，令他吃驚，記憶深刻，這個畫面也就停格在移動的火車廂裡。

若雪聽著子揚的回憶述說，突然，她不再忐忑了，她期待和這位婦人見面。

搭高鐵或台鐵，若雪喜歡看窗外風景，藍天白雲、綠野平疇、遠山近林、各種小屋或高樓……一一隨著車速躍進眼中又倏忽消逝。唯不喜鑽山洞（隧道）。幾次經驗得知，當行駛的轟隆轟隆車聲變得粗大，眼前窗外綠色的樹林更密，褐色的山丘更高，就知道車體即將被吞入黑色隧道，如被巨獸吞進黑暗喉嚨裡一般掙扎怒吼，她會趕緊閉上眼睛，不論看書、寫字或正凝望窗外。眼睛無法適應明暗瞬間的轉換，雖然車廂仍有燈光。在新竹、台中這段路途之間，隧道特多。

很快就到台中站，走出驗票閘門，就看到一位少婦牽著小女孩望向他們，那一身粉紅色棉毛套裝的女孩掙脫媽媽的手奔過來，一面喊著：「舅舅！舅舅！」

韓子揚忙將水果盒遞給若雪，蹲下身雙手抱起她，「涵涵又長高了，更漂亮了！」再跟姊姊說：「這是江老師，江若雪。」

「韓姊姊好。」

韓玉屏綻開笑容：「江老師，歡迎妳來台中！」

「叫我若雪吧。」她笑盈盈回應。

身著藍綠色上衣、黑色運動褲的韓玉屏，給人樸素、俐落又親和的感覺。姊弟倆眉目、笑容散發出的良善、溫和氣質，倒真酷似。

走出大門，姊夫已將車駛至路邊。子揚坐副座，若雪和玉屏、涵涵坐後面。子揚跟若雪介紹姊夫在電腦公司工作之後，兩人就聊起電子產品、網頁設計種種。一上車，坐在中間的涵涵即盯著若雪直瞧，然後嘴巴靠在媽媽耳朵說：「她是漂亮的姊姊。」「妳跟姊姊說呀！」「我不敢。」小女孩害羞地像麻糬一般往媽媽身上膩著揉著，口中細嫩的童音兀自哼唱兒歌。

韓玉屏大學念的是幼保科系，畢業後在幼兒園教書，為了照顧女兒，前年才辭掉工作。教育不同年齡層的學生，各有不同的關注重心與甘苦經驗，她和若雪很自然的交流起來。

從高速公路下交流道行駛到忠孝路，大約半小時拐進一街道，是一大片兩層樓透天厝的住宅區。車子停下來，院子紅色鐵門虛掩，韓子揚推開，涵涵就迫不及待往裡跑，邊喊著：「阿公、阿嬤，我們來了！」同時客廳鋁紗門往外推，張麗雲走出來。

「涵涵，脫鞋子！」韓玉屏的聲音追著。「不用啦，沒關係。」「媽，還是讓她脫吧。」後面幾個大人也跟著脫下鞋子，再穿上室內拖鞋，一時門口有些混亂。

第一個進來的涵涵愛現的說：「阿嬤，我們帶了一個漂亮的姊姊回來哦！」

大家微笑望向若雪，她臉頰泛紅，有些發窘，子揚趕緊把水果盒遞給她，她雙手捧著，彬彬有禮跟子揚父母說：「伯父、伯母，這是我爸媽送給您們的，一點點，不成敬意。」「那麼客氣，謝謝他們。」張麗雲笑嘻嘻接過。

大夥兒圍坐在客廳的藤沙發聊天，韓玉屏去泡茶，涵涵和小狗黃豆玩耍。張麗雲和藹地問起若雪的工作、家庭人員等等。玉屏端茶過來，「這是桂花茶，媽媽種的，再摘下來晒乾的。」若雪喝一口，「嗯——很香，我也喜歡桂花的香味。」

「媽媽不只種花，她也畫花。」子揚炫耀的說。

見若雪目光移向牆壁掛著的畫，一直沒出聲的韓志勤接著答腔：「這些都是他媽媽的作品，她也是畫家呢！」

張麗雲搖搖手：「別亂說，我只是愛拈花惹草，愛亂塗鴉啦。」

夫妻倆，平常家居服，都是一頭灰白頭髮，有些許皺紋、老人斑，倒更顯得溫雅和善。他們有夫妻臉，五官大小差不多。只韓媽媽臉型稍圓，韓爸爸則略方。兩個孩子，姊姊臉型像爸爸，子揚像媽媽。

玉屏在茶几旁的小凳子坐下來，好奇問道：「你們兩個是怎麼認識的？」

兩人對視，子揚回說「貓緣」，他簡單敘述在文具店門口遇見一隻貓，後來若雪帶這隻貓去他們醫院打疫苗……

十一點多，張麗雲和玉屏去廚房準備午餐，若雪也趨前說要幫忙，張麗雲說：「不用啦，已經準備得差不多了，妳第一次來，去外面走走。」

子揚陪她先欣賞媽媽的繪畫，再到院子，大盆小盆的植物，有散發香味的桂花、茉莉花；紅、黃、紫、白色彩繽紛的花朵，她只識得玫瑰、九重葛，以及正冒出淺紅紫色小花苞的曇花。最讓她驚豔是兩小缸水栽的蓮花，墨綠色的水面，飄浮著一片片圓圓小小的綠葉，兩三株白色、紫色的迷你小睡蓮亭立在綠葉間，精緻、小巧，美極了！

真不知韓媽媽怎麼養出那麼美麗的花兒？城市中，庭院裡，如此一方清涼地！

涵涵跑出來喊：「吃飯了！」

餐桌上擺滿豐盛菜肴，韓媽媽拉著若雪坐她旁邊，溫言笑道：「子揚說妳吃素，所以今天的菜全都是素的，妳都能吃。」

「其實不用那麼麻煩，」若雪瞪了一眼子揚，心中怪他幹嘛多嘴，「我們家吃飯也是葷素都有，我吃我能吃的。」

「不麻煩，只不知我煮的合不合妳的口味？」

「伯母，您太客氣了。」若雪頓覺惶恐。

「為了身體的健康，這幾年我們也是以蔬食為主，肉吃得不多。」韓志勤補充說道。

一家人很自然輕鬆的邊吃邊聊。剛開始她有些生疏拘謹，隨著熱絡的氣氛，有時也搭上話，並欣賞細品一盤盤的菜，有滷豆干＋杏鮑菇、南瓜沙拉、涼拌干絲＋香菇絲＋小黃瓜絲＋紅蘿蔔絲、蒸素鰻，以及莧菜、高麗菜兩道青菜，和一鍋蓮子木耳湯。

她不禁稱歎：「韓媽媽，您這些菜比素食餐廳的菜更精緻、更好吃呢！」

玉屏笑著說：「媽媽為了妳，特地和爸爸去素食餐廳吃一頓，觀摩學做的。」

「大多是家常菜啦，沙拉、涼拌是新學的，素鰻則是買現成回來蒸的。」張麗雲解釋。

「真是不敢當，韓媽媽，謝謝您！」若雪順口說：「子揚來我們家也只是隨意跟著我們吃便餐呢。」

張麗雲瞅了一眼子揚，「你常去若雪家吃飯？」

「是啊，大概每星期去吃一次吧。」子揚很自在地回答：「吃了中飯，江媽媽還會幫我打包晚上的便當呢。」

韓志勤似笑非笑，搖搖頭。

「若雪，妳吃素多久了？」張麗雲問。

「我是胎裡素，到現在二十五年。」

大家嚇一跳，姊夫問：「什麼是胎裡素？」

若雪解釋：「我母親懷我的時候，一聞到、吃到葷的食物就嘔吐，只好吃素。所以我在娘胎裡也跟著吃素，出生後，媽媽說幾次要餵我吃肉，我都不肯吃，她就隨我了。不是特意的，是身體自然的本能。」

「這樣會營養不良嗎？」張麗雲擔心。

「還好。後來媽媽有強迫我喝牛奶、吃雞蛋。」事實上，她也不喜歡蛋奶，為讓爸媽安心，只偶爾吃一點。

用完餐，玉屏姊弟倆收拾、洗碗，若雪正拿著抹布要擦桌子，張麗雲說要跟她母親講話，她撥了手機號，兩位母親搭上線。張麗雲先讚歎她有個美麗又乖巧的女兒。

接著，「江太太，我今天才知道這兩年子揚常常去妳家吃飯，真是太不好意思了！他之前都沒說。」

「沒什麼，我們也是要吃飯，只不過多一雙筷子。」

「這次他回來，我看他身體變健壯了，原來是妳把他養胖了。」

「妳教養得很好，每次吃完飯，他都會幫忙洗碗，收拾善後呢。」

……

兩位母親都在讚美對方的兒女，也邀約下回的拜訪。

子揚和若雪則是雙手動著清掃，耳朵豎起聽她們的對話。

兩點多，他們準備離開，韓媽媽用小玻璃罐裝了烘乾的桂花給她，走到院子，見她佇足凝視水中蓮花，便說：「這兩缸蓮花有點大，我養一缸小型的，下回讓子揚帶上去給妳。」送到門口，又嘮叨加一句：「以後子揚回台中，妳就跟著他一起回來吃飯。」

子揚呵呵大笑，揶揄道：「媽媽不占人便宜，我在你家吃的飯，她要從妳身上補回來！」

子揚請姊夫載他們去台中公園，經過台中路，他指著旁邊的學校說：「這是台中國小，我的母校，是有百年歷史的老學校。」到了公園，涵涵已偎在媽媽身上睡著了，他們揮揮手，期待再相見。

一走進公園，子揚就獻寶似的誇說這是他們的「後花園」，他還在學走路時就在這裡跑來跑去，「不，應該更早，」他眼中閃著狡獪神色：「打從我在娘胎裡，就跟著媽媽在這裡散步。」若雪手握拳輕輕捶他一下，兩人開懷大笑。

晚秋，下午的天空澄淨，涼風襲來已覺寒意。子揚告訴她，台中公園有百年以上的歷史，是台中的地標。放假日，遊客不少，她任子揚牽著手，行走在綠意盎然的老樹下。雖然園區比大安森林公園小，因著歷史的沉澱，多了思古幽情的韻味。有人在湖中泛舟，子揚說他會划船，若雪卻怕水，沒興趣。倒是對兩座相連，有著尖頂、造型特殊的湖心亭很好奇，身為在地人的子揚詳細介紹了這座古蹟，也帶她走過曲橋、望月樓、更樓。

原本想去逛附近的假日玉市，看看一些字畫、古董玩物，若雪說她累了，他們便直接乘高鐵捷運公車去搭高鐵回台北。

此行，她發現家族聚會、親子互動，讓一個人變得立體、鮮明而完整了。

第四章

人間借路行

異地

韓子揚在大學時，系上曾安排他們到福建和農林大學動物學院的學生交流、研討。結束後去了廈門的鼓浪嶼一日遊，也參觀了南普陀寺，這是他唯一的大陸行。

來到上海這個大都會，從初始的不情願、勉強接受現實，然後帶著興奮、好奇、學習的心情探索新天地，摸索新的人事物，都只是「轉念」罷了。

米格魯動物醫院位在長寧區。院長陳永和是唐仁君的學弟。兩年前，他和同樣來自台灣的朋友一起投資寵物行業，他負責醫院，朋友負責緊鄰的寵物店。醫院的空間比諾奇大，初來乍看門面告示牌上寫著：內科、外科、骨科、牙科、復健科、麻醉科，韓子揚心想，動物還分科別？在學校所學，在諾奇所做，每位醫師必須能醫治動物身體所有的疾病，哪能如人類醫院的分科？後來才知不是分科別，而是告知醫院涵蓋的醫療項目。

除了空間寬敞，這裡的儀器設備也讓他驚喜，一般的X光室、B超室、化驗室之外，還有斷層掃描、心電監護，和鼻鏡、胃鏡、腹腔鏡等各種內窺鏡診療儀器。如此，在判斷、治療時就能更精準無誤。

寵物店尤其豪華，寵物用品之齊全美麗堪比百貨公司，又有寵物洗澡室、美容室，以及主人外出、供寄宿的旅館。

陳永和長相斯文儒雅，待人親切寬厚。他幫子揚在新華路附近的小路租了一間公寓，不大但乾淨，周圍環境也清幽，走一段路，有公車行至醫院附近，他搭乘兩次，決定騎自行車，也當作運動吧，約莫二十分鐘就到醫院，比搭公車快。

米格魯原有的三位醫師，分別來自揚州、廣東、福建的動物學系，加上他共四位，有各自的診間，手術室和置放各種診療儀器的檢查室則是共用。

午後，是門診的巔峰時段。一隻白色馬爾濟斯老狗氣喘病復發，一隻棕色貴賓犬拉肚子，兩位醫師在診間看診。韓子揚和另一位醫師在手術室為一隻難產的母貓動手術，掛著點滴、套著氧氣管的母貓睡沉沉平躺著，剖開腹壁，子宮裡有四隻小貓，兩隻已沒心跳，韓子揚把牠們拉出來放一旁，另外兩隻微動，還活著，交給另一位醫師處理，他則摘除已經腐敗的子宮，再仔細縫合肚皮。

韓子揚脫下綠色手術衣，丟掉綠色頭套、口罩、手套，洗個手，進辦公室喝口水，走出來就聽見護士喊著：「韓醫師！」同時，他眼角瞄見候診室靠牆一端，平時供暫放雜物或讓飼主填表單的長條桌上，躺著一隻灰黑交雜的小貓，一位老婦人坐在凳子上，一手擦眼淚，一手輕撫著貓身，低聲喃喃自語。韓子揚走過去，老婦人好像看到救星，忙不迭地站起來拉著他的白袍，啞著嗓子說：「醫師，求求你，救救我的貓咪！」

他摸摸牠身體，心跳微弱，但還有溫度，即溫和說道：「好，我來看看。」老婦人抱起小貓跟著他走往診間。護士從櫃台衝出來，「韓醫師！」她手指著候診椅上提籃裡的小狗，板著臉，得理不讓的說：「這位患者先來，要先看牠！」子揚問旁邊的小姐：「妳的小狗怎麼啦？」「好像感冒，流鼻涕、胃口不好。」

他伸手想打開蓋子瞧一瞧，小狗緊張的汪汪叫。「精神不錯嘛！」他笑道。詢問牠主人：「那隻小貓情況很差，我先看牠，好嗎？」這位小姐點點頭。

他將奄奄一息的小貓放在檯上，檢查牠的眼瞼、牙齒，邊問：「牠年紀很大，幾歲了？」老婦人想想，「應該十五歲了。」接著叨念著：「我知道牠老了，應該要走了，我兒子這麼說，但是我就是捨不得，牠那麼乖，十幾年來一直陪著我，我捨不得啊……」

「醫師，牠能活下來嗎？」老婦人喉頭哽咽，雙眼企盼的望著他。

量了體溫，不到三十五度，已陷昏迷狀態。他心情沉重，腦海浮現唐醫師的作法，於是他溫和緩緩地跟她說：

「伯母，我知道妳很愛牠，捨不得，妳把牠照顧得很好。不過，牠年紀大了，十五歲，很長壽了。牠要去另一個世界，妳捨不得牠，牠也放不下妳。」

「那怎麼辦呢？」老婦人茫然問著。

「妳可以幫助牠，」子揚看著她專注又疑惑的眼神：「妳會不會念阿彌陀佛？」

「會啊，我去寺廟，和尚有教，還帶我們誦《阿彌陀經》。」老婦人再補一句：「但是，和尚說只能在寺裡念，出來在外面就不要念。」

「在家裡沒關係吧，妳可以為小貓念佛，請阿彌陀佛帶牠去極樂世界，也跟貓咪說要跟著阿彌陀佛的光走。」子揚嚥下後面的話：「下輩子不要再來當動物。」

在唯物、無神論的國度裡，他不知能否說出輪迴的觀念。

老婦人灰白的頭髮和毛色黑白摻雜的普通家貓一樣，和善的臉孔鐫刻著粗粗細細的皺紋，褐黃色的外套已洗得褪成白色，樸素的、不起眼的一老一貓，讓韓子揚生起溫柔的憐惜。由於沒有診療，走出診間，他原想跟護士說不用付費，護士已逕自說她沒有掛號，可以走了，然後急急喚下一位病患。

傍晚，看診結束，例行的討論會議上，這位護士提出韓子揚沒有依序看診的事。陳院長聽了他的說明（當然沒提為小貓念佛的藥方），稱讚他的慈悲心，不過也提醒除非特例、緊急狀況，平時還是須按掛號依序看診。

到米格魯不久，他就明白為何陳院長急迫希望有位台籍醫師前來。大陸已是備受矚目的強國，無論經濟、政治、軍事、建設等各方面都突飛猛進，蓬勃發展中。因此，無論男女老少，尤其居住大城市的人，有許多人如天之驕子般的優越、自信，他們積極主動、奮勉的力爭上游，一心想出人頭地；這是社會進步繁華的驅動力。

優勝劣敗，誰願當失敗者呢？

只是、只是……在努力競爭，在急功近利之下，同時犧牲了什麼？失去了什麼？真誠、關懷、同理心、忍讓、溫暖……

有一次聊天時談到「忍讓」，他說：「忍一時風平浪靜，退一步海闊天空。」打掃的阿姨聽到，插嘴說他們小學的課本說：「人不犯我，我不犯人。」

他問：「如果別人犯我呢？」

「我就一拳打過去呀！」她嘴角浮上理直氣壯的笑容。

來自揚州的醫師，眉目俊秀如白面書生，有著恃才傲物、特意保持距離的生疏感，不過頗受女性飼主的喜歡。相較之下，南方的兩位醫師就平易近人多了。他們都具備醫療專業的技能，都是優秀的醫師。

但是少了什麼？他又想起唐醫師。衣履光鮮的高官貴族，帶著名牌寵物進來，他不會特別接待，一樣掛號排隊；平民百姓或義工帶來的普通貓狗、流浪貓狗，他的眼神則特別溫柔熱切。從唐醫師身上，他學到平等、尊重每個生命，甚至給弱者更多的溫暖、體恤，不論人或動物。

為躁進、功利的土地，灑下一點清涼甘露嗎？

最後一位患者離開，一整天緊繃的神經，隨著收拾、清消的打烊前奏逐漸放鬆下來。門口閃進一個人影，穿著紅紫色花紋上衣、黑色寬長褲的濃妝婦女，好似赴宴完趕來，身上還散發著酒味。她走往院長室，她是誰？韓子揚心中疑惑，護士瞧見也沒阻擋。

不久，院長室傳出講話聲，漸漸聲音變大像爭執，接著是啜泣聲、安慰聲，沒多久，靜下來，約莫二十分鐘後，兩人走出來。見韓子揚在櫃檯前，陳永和介紹這是他太太，也跟妻子說他是台灣來的醫師。一聽是台灣醫師，張海蓮那雙黏貼長長睫毛的漆黑眼珠子直視他幾秒，柔聲笑道：「台灣來的，很好，你要多多幫忙陳院長哦。」陳永和臉色沉重，扶著她的手走出大門，鑽進停在院子的轎車匆匆離開了。

週末休診，為了臨時須急診的患者，醫院安排有一位醫師、一位護士輪值。中午韓子揚去附近自助餐吃完飯，回到醫院換護士小姐去用餐。他坐在候診大廳的椅子上，和平時貓來狗往、人語嘰喳的嘈雜場景不同，靜謐的空間，消毒水乾淨讓人安心的氣味還微微飄留著。

從玻璃大門望出去，金色陽光照在庭院的水泥地上，平時能停放四輛汽車的小院子，現在只有他的自行車孤伶伶的靠在牆邊。他腦袋空白，發呆望著。突然一輛車駛進來，熟悉的院長的灰色轎車，他停車，下車，推門，子揚站起來，「今天你值班？」「是的。」「我剛送我太太去機場，她回台灣。」陳永和邊說邊往裡走，忽然，他轉回在韓子揚旁邊坐下來。

兩人沉默，半晌，他悠悠開口：「那天你見到我太太了。」子揚側身點頭。「我太太，海蓮，她不快樂。」陳永和嘆口氣：「我們沒有小孩，海蓮懷孕三次，三次都流產，後來也不能再生了。她對養育兒女的渴望，怎麼說呢？像旅人在沙漠裡打翻水壺，水在沙漠流失，無水續命的那種渴望、失望，到最後的絕望。……我還好，我有兄弟，沒有傳宗接代的壓力。兩個人的生活也不錯，何況有那麼多毛小孩忙著。」子揚專注聽著。

「海蓮想不開，得了憂鬱症。唉！」陳永和蹙起眉頭，沉重說：「她台北、上海兩地跑。她回台灣探望父母，又有兄弟、姊姊可以聊聊，我比較放心。在上海平時我上班，她就一個人，家裡只有一隻貓陪著，也沒有朋友，心情不好就喝酒……」他又深深嘆口氣，滿臉愁苦無奈。

子揚的心跟著糾結，他不知如何安慰。沉默許久。

「她有宗教信仰嗎？」子揚訕訕問道。

「我有想過。曾經帶她去靜安寺、龍華寺拜拜。有位動物的飼主是台灣人，她介紹我們去一間台灣法師設立的道場，剛開始海蓮很高興，參加法會、聽開示，還參加佛學課程、讀書會。那段日子，她很正常，精神心情都不錯，感覺到有些正能量灌入她身體。只是好景不長，大概維持一年多吧，就找各種理由不去了。」

又是一陣靜默。

「她不只是憂鬱，還變成躁鬱。」

「有看醫師，吃藥嗎？」

「有。她不喜歡吃藥，必須我盯著，半哄半逼。」他低著頭，雙手交握垂在兩腿之間，沮喪無助的低語：「以前那麼可愛善良的女孩……往後的路怎麼走下去？」

韓子揚心裡想著：有孩子那麼重要嗎？現代社會不是越來越多夫妻結婚後不想生小孩嗎？當然，選擇「不要有小孩」，跟被迫「不能有小孩」，心情到底不同。他想起若雪，心頭浮上一絲甜蜜。他日若組成家庭，我們應該會希望有小孩吧？他倆的姊姊，結婚後都有小孩……呵，想得遠了。

畫作

一輛黑色賓士車在路邊停下來，一位身著淺灰條紋襯衫、深藍色西裝褲的男士走出來，繞到後座，打開車門抱出一件方型物品。店裡的江炳昆目光正好望向外面，見到腰挺背直、氣度不凡的他走進店裡。兩人照面，他彬彬有禮說：

「請問江若雪老師在嗎？」

江炳昆疑惑的問：「請問你貴姓？找江老師有什麼事？」

「我姓陸，剛才和她通了電話。」

江炳昆拿起話筒、按鍵，「若雪，有位陸先生找妳。」半小時前，若雪手機響，陌生的號碼，她沒接，再次響起，擔心是學生臨時有事，還是按了下去，一位有磁性、好聽的男士聲音，說他是陸曼妮的哥哥陸世峰。她想起來曾去過他的畫廊，見過面。他說有一幅畫要送來給她。沒料到那麼快就到了。

她下樓，推開木門，見爸爸站在他旁邊，就為他們介紹，陸世峰趕緊說一聲「伯父」，琇玲隨後跟來，若雪介紹，他又叫了「伯母」。

然後他掀開包裹畫框的淺棕色牛皮紙，「哇——好美的畫！」琇玲驚叫一聲。淡藍天空、翠綠樹林為背景，一位女孩坐在木椅上，身子微前傾，凝望著走到眼前一白一黑兩隻鵝，簡單點綴右前方的是墨綠池水，以及岸邊泥土地上的稀疏小草。

人物是這幅畫最吸睛、最重要的主角！身穿淺灰紅色衣裳，白淨的臉蛋，望著兩隻鵝的那雙清純喜悅的眼眸，一望就知道是若雪！畫人物畫得維妙維肖、畫得美，不難，但連那特殊的神韻也描摹得如此酷似本人，著實不易！

陸世峰囁嚅說道：「江老師，這是我畫的圖，送來給妳。我必須解釋。」

琇玲看這年輕人手度俊雅，斯文有禮，頓生好感。「不好意思，這裡是店面，沒有椅子可坐，我們到裡面去吧。」她推開木門，邊說：「這是我們的廚房、吃飯的地方。至少有桌子椅子啦。」招呼他坐下來，並要若雪泡茶。

陸世峰把畫作放在桌上，眼睛掃一下四周，心裡讚道：好個乾淨、簡單又溫暖的小天地。

若雪端茶給他，然後往媽媽身邊坐下來。世峰喝口茶，鄭重地說：「首先我要跟江老師說對不起，沒有徵得妳的同意，就畫了這張圖。」

接著介紹自己是畫家。敘述那天在大安森林公園寫生，遠遠看見江老師看著兩隻鵝的神情，忍不住拿起手機拍攝，再回去作畫的過程。「我是畫家，看到美好美麗的景觀，會想畫下來，讓這些美景藉由畫筆而留存，長久留在世間。」

他停下來，半晌，「那天擅自拍攝、作畫，是侵犯了『肖像權』，這是我的錯，特地來向江老師致歉。」他站起來，對著她們母女深深一鞠躬。

琇玲有些驚訝、感動，說道：「沒事、沒事，你坐下來。」若雪也微笑說沒關係。

陸世峰放下忐忑的心緒，原本嚴肅的臉孔頓時放鬆，線條變柔和，他咧開嘴歡喜的道謝，露出平時那瀟灑自在、帶點玩世不恭的藝術家氣質。

為了緩和氣氛，琇玲隨意問他：「你的工作就是畫圖？」

「畫圖是我的興趣，我開了一間畫廊。江老師去過。」

咦？她轉頭看一眼若雪。「之前曼妮帶我去的，陸先生是曼妮的哥哥。」琇玲瞪大眼睛，心想：兄妹倆個性怎差那麼多？

待了約半小時，陸世峰自覺初次拜訪不宜逗留太久，就起身告辭，並邀請他們全家去參觀他的畫廊。

她們送他到門口，世峰拉開車門，拿出一個禮盒再走回來，交給若雪，「差一點忘了，小小的點心，不成敬意。」

目送黑色轎車離去，琇玲心中翻滾著。很明顯的，這個小夥子愛上若雪了。琇玲了解自己的女兒，她一向「慢溫」，韓子揚追她兩年多，到最近才開始有點升溫，有些微的進展。新來的陸先生要橫刀插進來，恐怕更不容易呢。

這兩位青年條件都不錯，怎麼選擇呢？

走進廚房，若雪問這幅畫要收到哪裡？「放妳房間啊。」「不要，每天看著自己，很奇怪耶！」「那只能掛客廳了。」

上樓，正在寫功課的若雅看到這幅畫，很興奮的讚歎不已。愛湊熱鬧的她，遺憾沒有見到畫圖的人，卻敏感說道：「我想畫圖的人一定是喜歡二姊，才畫這張圖的。」

陸曼妮非常專注的聽二哥敘述他送畫到江家的過程。知道他見到若雪，她父母的態度不錯。「文具店空間大嗎？」「普通。」

聽兄妹倆在聊天，李美月走過來，「你們神神祕祕在談什麼？」

曼妮嘻嘻笑著：「媽，我在幫妳找媳婦呢。」李美月不可置信的表情，「你哥有女朋友了？」曼妮指著畫室牆壁的一張圖，「媽，妳看這位女孩美不美？」「模特兒？不好吧。」「才不是，她是我的朋友，是高中老師呢。」

這幅畫送走之前，陸世峰先掃描一份掛著，每天總要凝望幾次。

「當老師，她家境如何？」李美月問。

世峰垮下臉，不高興的說：「問人家家境幹什麼？」

「媽媽每次都這樣，人品、感情才是重要。」曼妮幫腔。

被孩子數落，李美月不禁氣惱，瞪著曼妮：「問家境有什麼不對？妳那麼愛花錢，如果嫁給窮小子，還能吃得好、每天穿得漂漂亮亮的嗎？窮日子妳怎麼過啊？」

「有錢又怎樣？妳介紹的那些貴婦人的女兒，二哥都不喜歡，有什麼用？」被嬌慣的她頂嘴。

門鈴聲響，牌友來了，李美月憤憤離開。

晚上，曼妮抱著妞妞到畫室，低聲問：「哥，接下來你要怎麼追她？」眼睛瞄向那張畫。世峰闔上正在閱讀的《莊子》，笑道：「願聞其詳。」

「若雪在三重的國光商工學校教書，地址你去查，她上夜間部，平常下課後她是搭捷運回松山。你可以開車去接她回家，當夜間護花使者。這個建議不錯吧。」

「嗯，這提議不錯，謝謝妳。」

「你們可以在車上聊天，培養感情。你不是常看文學的書，喜歡老子、莊子嗎？你們應該會聊得很好。」曼妮喜笑顏開，熱情的提供點子。

晚上九點，江若雪走出辦公室，她習慣站在走廊望一眼寬闊的操場，再轉身走往校門。五月的夜空，黝黑無雲。守衛室及校門口兩邊的燈光照著急切趕回家的夜讀生。若雪和守衛伯伯道聲再見，出了校門往右轉，「江老師」，路燈下有人喚她，循聲一望，是陸世峰。訝異問道：「陸先生，有事嗎？」

世峰赧然說：「時間不早了，我載妳回去，好嗎？」

「不用啦，我去搭捷運，很快就到松山，我習慣了。」說完繼續往前走。

他大跨步跟上，又叫一聲「江老師」。若雪停下來，抬頭仰望白色燈光下那張懇切祈求的臉龐，她心生不忍。再者，路過的學生有人好奇、關心的佇足，她擔心事情變複雜，只好跟著上車。

車裡尷尬的沉默。在第一個紅燈停下來，陸世峰轉頭放下握著方向盤的右手，側身望向若雪，他神情肅然，「江老師，妳生氣了？對不起。」

「我不是生氣，只是被迫上車的感覺，很不舒服。」她冷冷地說。

陸世峰再一次道歉，停一會兒，「我沒有惡意，我、我只是想跟妳說話。」

見他態度誠懇，若雪不忍再責備，抿嘴微微一笑。被大赦似的，世峰鬆了一口氣，不時側頭望望她，「專心開車！」若雪輕聲喊著。

「上夜間部，很辛苦吧？不能換日間部嗎？」

「習慣就好，我也有日間部的課。因為我也是夜間部一個班級的導師，除非有特別事，平常我都會到學校的。」

世峰心想：也好，這樣我才有機會當夜晚的護花使者。「江老師，妳的名字很美，有典故嗎？」不等她回答，自顧念道：「千山鳥飛絕，萬徑人蹤滅，孤舟蓑笠翁，獨釣寒江雪。」

「這是柳宗元的詩。」她斜睨他一眼。

「妳父親姓江，妳出生在冬天，所以把妳取名叫若雪？」

「我不知道父親是否引用這首詩，只聽我媽媽說我出生時皮膚很白，所以取這個名字。」

世峰沉思片刻，「為什麼從古至今，常用雪白來形容皮膚很白？不論皮膚多白，沒有人的膚色像雪一樣的白呀，即使是白種人。白雲、白浪、白紙的白，像雪，但就是皮膚不能如此形容。」被「赦免」的他，恢復瀟灑自在的性情。

「那你認為要用什麼形容皮膚的白？」若雪饒有興味的問他。

香蕉、蘋果（是果肉，不是皮）、月亮、蛋糕、白饅頭、含笑花、奶油……兩人思考和「白皮膚」相近的東西。最後，若雪想到《詩經》的「手如柔荑，膚如凝脂」，她說：「這凝脂就像奶油，有光滑柔白之意。」

談得融洽，世峰問：「江老師，我可以叫妳若雪嗎？」她沒回應。

車程約半小時，和搭捷運加上走路的時間差不多。行駛至松山，轉進永吉路之前，若雪推開門下車，說聲謝謝。世峰大聲說：「謝謝妳讓我載妳！」

若雪恍悟，我幹嘛謝他，是他逼我坐上車的。

回到家，上樓盥洗出來，看了一眼客廳牆壁掛著他的畫作。媽媽坐在沙發上看電視，若雅拄著一根手杖，從房間走出來，「妳還沒睡呀？」若雪問。

「去上廁所，就要睡了。」若雅打個哈欠，「二姊，畫這張圖的陸世峰和韓大哥，誰比較帥？」

「不知道！」若雪暗笑，不知這小丫頭腦筋又在想什麼？

躺在床上，想起他由誠惶誠恐轉為輕鬆愉悅、活潑的神情，不覺好笑。嘴角微上揚，驀地心頭一震，子揚的身影浮現，她有些怔忡不安。隨即自語：只不過搭他車回家，沒什麼！不再輾轉，安然睡去。

隔天傍晚，她在辦公室改作文，手機來訊叮咚一響，她望一眼，陸世峰在line寫道：「若雪，晚上見。」她沒回。

下課，逗留些時才離開。走出大門沒見到黑色車，放下心，繼續邁步前行，不到一分鐘，喇叭聲輕響，車子滑到她前方，陸世峰走出來，拉開副座車門，左手划個紳士手勢，神采奕奕地笑道：「江老師，請——」若雪遲疑，陸世峰乞求的口吻又喊一聲江老師，她不忍拒絕，只好上車。

她心中對自己生氣，悶不吭聲好一會兒。陸世峰嘻皮笑臉的逗她講話，問學生、問上課情形，她也只一兩句應付。「我講故事給妳聽。」他眼睛望著前方，一面駕駛，一面侃侃而說：

民國初年，大陸有位圓瑛法師，講經時說「三界唯心，萬法唯識」，有位信奉唯物論的教授不以為然，就反駁，「你說一切都是唯心所現、唯識所變，那麼，請你從心中變出一匹馬來！」

怎麼可能？圓瑛法師想了一個晚上，輾轉難眠，快天亮時想到一個典故：趙子昂是宋朝的畫家，他尤其擅長畫馬，為了畫一百匹馬，他每天都在研究馬的形態、神情、動作。因為太入神，有天晚上睡覺時靈魂出竅，竟然變成一匹馬。睡在旁邊的妻子，半夜醒來發現身旁躺著一匹馬，大叫一聲，昏倒了，這一叫把趙子昂驚醒，他救醒妻子，妻子睜開眼，喊著：「不得了了！床上有一匹馬！」趙子昂低頭看床上，「哪裡有馬？明明是我在睡覺。」

後來他仔細思考，是自己天天想著馬，一切唯心造，自己就變成一匹馬了。

圓瑛法師用這典故回覆那位教授：「趙子昂畫馬變馬，唯心乎？唯物乎？」

若雪聽完，沉吟半晌，「法師不是回答問題，而是拋出問題讓教授思考。」

「沒錯！」世峰一手搔搔頭：「不管唯心或唯物，無中生有，或把甲變成乙，都是不可思議的！自體的演化、變化，能理解，例如嬰兒變成大人老人、蛹變成蝴蝶、蝌蚪變成青蛙。但是汽車能變成馬、變成石頭嗎？那是幻覺吧？」

「心如工畫師，能畫種種物。」若雪想到《華嚴經》裡的這句話。「你是畫家，畫人物，畫山水，畫房屋、花草樹木，一切一切，都是用『心』才能畫出來。畫成什麼模樣，畫得美或醜，確實靠『心』。」停頓一下，她再說：「我想，一切萬法唯心造，不是說心能變出什麼，而是我們的心能思考、擘劃，成就種種事，當然心也會造惡，破壞許多事。」

聊著聊著，很快就到松山。若雪同樣在轉進住家前的街道下車。和陸世峰談話蠻有趣，每次他都會用不同的話題引發她的興趣而接續討論。是他事先作準備或是信手拈來？不管哪種，都要透過閱讀吧，他應該也喜歡讀書。有一次，他眉開眼笑地侃侃而談，她忍不住說：「看起來你很快樂？」

「是呀！」他心底念著：因為有妳、看到妳，我才開心的，但不敢唐突，只言：「無法形容的快樂。」一會兒又念道：「子非魚，安知魚之樂？」

若雪也學著莊子說：「子非我，安知我不知魚之樂？」

兩人會心而笑。

週六、週日，陸世峰約她去郊遊、看電影，她一概拒絕。饒是如此，一週五次的車裡交談，已讓若雪警覺，她自知不擅於處理複雜之事，也不願陸世峰陷溺太深。幸好馬上七月，放暑假不用去學校。

米格魯

下午近四點，兩個診間還在看診，候診室暫時沒有患者，韓子揚在辦公室喝茶，暫作休息。沒多久，電話鈴響：「韓醫師，有人找你。」

動物不會選擇醫師，有些飼主卻會指定醫師。他走出去，銀白日光燈照耀下，冷清的大廳好似突然綻開一株燦爛的向日葵，快靠近，驚訝發現身著鵝黃色洋裝的小姐竟然是陸曼妮！

雖然在台灣時有幾次接觸，不太認同她的行事作風，來到異地，乍見故鄉人，卻自然生起親切欣喜之感。「妳怎麼來上海了？」

「來參觀國際婚紗禮服展。」曼妮睜著一雙嫵媚俏眼，嬌聲道：「還有特地來看你呀！」子揚原本要問她「怎麼知道我在上海？」繼而一想，她常去諾奇，一問就得知啦。

她那明豔的妝扮，婀娜如展台模特兒的體態，很難不令人注視。先是在櫃台的護士，接著走出診間的飼主、醫師，都不禁舉目望一眼，再看看旁邊的韓醫師，曼妮也不忸怩，大方自然的微笑著，倒是韓子揚有些發窘。正好陳永和走過來，即為他介紹陸曼妮，說她養的貓狗都在諾奇看診。

陳永和熱情的要他們到院長室坐著聊，談話中，曼妮提及他父親在上海有分公司，現由大哥負責。她喜歡上海，也考慮辭掉台北的工作，搬來上海住，反正父親在上海置有房產。陳院長似乎對曼妮印象不錯，「等我太太從台灣回來，我介紹妳們認識，在外地有好朋友作伴，互相幫助，很重要。」子揚心裡想的是，她們兩人的穿著打扮風格，倒是很類似。

在諾奇得知韓子揚到上海工作，曼妮心中竊喜，腦筋開始滴溜溜的轉動。她跟媽媽說要辭掉香閣的婚紗禮服工作，李美月不吃驚，女兒心性不定，能在香閣待上快五年，已讓人跌破眼鏡。接著說她想去上海，「去上海做什麼？」

「還沒想到。」陸朝森要她到公司幫忙，她眉頭一皺，「先讓我玩玩吧！」

曼妮和海蓮一見面，果然如失散多年的姊妹那般親切熟稔且興奮。兩人常相偕去吃館子、看電影、逛街，也幾乎每週都會逛到米格魯，帶著飲料、水果、點心過來，頗受醫師護士們的歡迎。見曼妮注視子揚的眼神與態度，剛開始大家以為她是子揚的女朋友，但子揚否認。

有一天趁看診空檔，揚州高華醫師私下約曼妮週末去吃飯，然後去「上海大劇院」看歌劇。米格魯的醫師除了韓子揚，挺拔帥氣的高醫師是受她矚目的一位，她稍一猶豫即答應了。

高華請她在劇院附近的「芭芭露莎」餐廳用餐，金童玉女般的兩人，相稱又自在悠閒的在堂皇氣派的餐廳享受海鮮套餐的美食。

曼妮啜飲一口香檳，嬌聲問道：「高醫師，今晚我們看的戲劇曲目是什麼？」

「這一檔期演的是《漂泊的荷蘭人》。」高華回道。

「好看嗎？內容是什麼？」

「看簡介說明，是演一位受天神詛咒、在海上漂流多年的船長，如何獲得救贖的故事。」高華有先作了一點功課。

「你喜歡歌劇？常來觀賞？」曼妮問。

「嗯，以前常看電影，來上海後喜歡聽歌劇，看舞台劇。不過沒有常常，只能偶爾，門票太貴了！」高華回說。

曼妮心想，這一餐應該不便宜，你又說歌劇的門票貴，是在跟我炫耀？或是心疼花那麼多錢？不過她還是含笑體恤說道：「不好意思，這次讓你破費了。」

「沒事！」高華灑脫搖一下手。

兩個半小時的音樂劇結束，走出劇院，銀白建築吐出的人潮和嘈雜的講話聲音，頓時讓人清醒，跌回現實的時空。夜黑燈未熄，廣場上依然是璀璨的上海。路上，高華問曼妮對此劇的觀感。她以前只看電影，很少有機會看舞台劇、音樂劇。劇場背景燈光的多變轉化，人物塑造、表演、服裝華麗講究，以及演唱、肢體表演等等，只能用氣勢磅礴、震撼心靈來形容。

曼妮身心處在興奮中，她說：「以後還有什麼表演，告訴我，下一次我請你！」她心裡想著，也約海蓮一起來看。

陸朝森在靜安區購有兩棟房子，一棟現在大兒子世雄夫妻居住，另一棟空著，供他到上海巡視或帶著妻兒來遊玩時住宿。這次曼妮前來，原想住這裡，她不願被約束，想要能自由進出。爸媽擔心她單身一人，沒人照應，要她暫住大兒子家。

「你大哥家還有空房，有雇阿姨，妳不用煩惱三餐，又不用打掃、洗衣服，多好！」李美月好言勸說。

幸好，住進來，大哥忙工作每天早出晚歸，大嫂佳蓉帶著兩歲多的兒子，已無暇管她，也深知這位小姑自幼嬌生慣養，是公婆的掌上明珠，自然對她禮遇有加。

曼妮和海蓮仍是時常帶著點心去米格魯探班。她們把點心放在會客休息室，兩人在那裡聊天，醫師、護士有空檔時會各自進去吃吃喝喝，和她們說幾句話。短短的茶敘時間，為緊張又緊湊的醫療工作灑下幾滴溫馨的清涼精油。院長夫人前來關心慰勞，順理成章，陳永和也歡喜妻子能走出心中的牢獄。

她們這姊妹花也懂分寸，不干擾、不吵鬧，活動範圍只囿在會客休息室。

這天，高華進來，海蓮綻開笑容，熱情叫他吃點心。「好豐盛的點心！」

他張望一下，即拿了珍珠奶茶和三明治，望向曼妮，雙眼閃爍溫柔光芒，曼妮似笑非笑點點頭。

沒多久，韓子揚走進來，跟她兩人打招呼，「陳太太，真謝謝妳，讓妳破費買那麼多點心。」「有些是曼妮買的。」「謝謝陸小姐。」

曼妮眼睛在兩位醫師身上移動，他們身高差不多，韓子揚骨架略粗，似運動員般結實，高華比他瘦些，也顯得較修長，不過穿上白袍，一樣的莊嚴俊挺。

她為了能「近水樓台」而辭掉工作跑來上海，沒想到韓子揚對她仍是客氣冷淡，她氣不過就接受高華的殷勤追求。

心想：哼，他的條件也不比你差！

這時，海蓮開口說：「高醫師，上週你帶我們去看的舞台劇，很好看！下次還有新的戲劇，要告訴我們，再帶我們去看，好不好？」

突然，空氣凝住了！曼妮和高華對視一眼，又迅速跳開，同時飄向子揚，子揚則有些錯愕，他倆對視那一刻正好映入他眼簾。他微微一笑，端了一杯咖啡，在張海蓮對面的椅子坐下來。

張海蓮雙手放在桌沿，食指、拇指交互搓著，像是說錯話的小孩，面露無辜、不知所措的神情。她是善良的人，子揚有些不忍，岔開話題，問她家裡的貓事。

想起有一天，也是茶敘的時間，曼妮描述下雨天，她和海蓮走出百貨公司，撐著傘過馬路。有位婦人，中老年紀吧，穿著雨衣騎著自行車吃力地踩踏，騎到她們前方，竟然跌倒，海蓮跑過去攙她起來，再扶起自行車，讓她牽著走過馬路。

「那時，我可擔心死了！我跟海蓮說，妳不能隨地就救人，萬一她誣陷妳，說是妳推倒她的，要妳賠償，怎麼辦？」

看來曼妮很機伶。不知她和高華交往的程度如何？兩人在外表上倒是蠻相配的。他樂見其成。

週日早晨，韓子揚騎著自行車悠悠慢駛在新華路上。剛來上海不久，他就發現從居住的地方拐兩個街道，即進入兩旁植滿法國梧桐樹的「綠色隧道」，初次相逢，他驚喜異常，於是沒上班的日子，他總愛來此遛達。

高大的梧桐樹，濃密的掌狀綠葉似在空中握手交談，一片蔥郁，窸窸窣窣，隨著微風搖曳，陽光在水泥地上，潑灑斑駁多變如抽象畫般的白色光影。

新華路上有不少建築風格各異又典雅的老房子。子揚留意到有一間「本色素食館」，他去吃過一餐，有麵、有飯，店裡標榜食材健康取向，多為天然新鮮食物，他覺得食物清淡爽口。旁邊闢個小空間，擺放一些佛書、素食食譜的書，以及雅致可愛的手絹、卡片、手工皂等，讓人選購。最特別的是進門靠牆放了一台手動的棉花糖製造機，他好奇玩了一下，拉捲出一枝雪白的棉花糖。心想若雪來時一定得帶她來這裡吃飯。

這一天，從綠色隧道出來，往右邊走，抬頭看見遠方一棟四層樓的褐色建築，咦，怎麼以前沒有發現？他動念想探訪。騎車約十來分鐘，沒了綠蔭遮蔽，加上快近中午，陽光逐漸熾熱，抵達時已滿頭大汗。

停在灰色柵欄前，他掏出手帕擦擦汗，一邊望進欄內庭院，草坪上有兩座圓頭小石雕像，有兩隻一黃一白的小狗，正和三位小朋友奔跑玩著，笑聲、尖叫聲，伴著狗吠聲。門口有大人進進出出，欄門敞開，應該是開放的場所。他正猶豫，有位女青年面帶笑容走過來，「先生，請進，你第一次來？」

子揚點頭。牽著自行車，依指示停放在屋旁靠水泥牆的停車場。走到正門口，他仰望門上橫書著「觀音文教館」，是佛教單位，他心生歡喜也倍感親切。

那位長相清秀，笑起來眼睛瞇成一條線，兩頰浮現可愛小酒窩的小姐，主動帶他參觀。他們搭電梯先到三樓，主體建築是禪堂，一走進去，心靈自然的沉靜放鬆。酒窩小姐說大約可容納六十人同時來禪修。禪堂兩旁，各有一間會議室。

二樓有講堂，供講演或活動表演用，以及辦公室和幾間教室。在樓梯間即聽到鋼琴聲和小朋友稚嫩的唱歌聲。酒窩小姐說，為了方便兒童來學習，週日有音樂班和繪畫班，週六則有英語班。一樓有美術館、齋堂、廚房和客堂。

由上往下參觀，進了美術館，酒窩小姐告訴他，目前的檔期展出的是「佛陀本生故事」的畫作，「這位畫家在大陸蠻有名氣的，你可以慢慢看。」說完她就離開。

子揚瀏覽一幅一幅圖畫，繪者仿敦煌石窟的壁畫而讓線條清晰、斑駁修補，成為完整且色彩鮮明的畫作。佛陀過去世曾多生以動物身行菩薩道，圖旁皆有文字說明。其中，九色鹿、捨身飼虎、割肉餵鷹這三則故事，以前曾聽弘日法師說過。優雅的音樂在美術館上方輕柔地迴盪著，三三兩兩的參觀者安靜的看著，身邊小孩偶爾出聲好奇的問問題。

子揚走出來，正在走廊和人講話的酒窩小姐趨前關心，「韓先生，看好了？喜歡嗎？」子揚微笑點點頭。

小姐帶他到旁邊的客堂，請義工準備茶水。再進來時，她手上拿著紙筆，「可以請你填一些資料嗎？以後有活動或講座，我們會聯絡你，你有興趣，時間也方便，可以來參加。」親切柔和的言語，讓人很難拒絕。

韓子揚正填著資料，不知何時離開的酒窩小姐，和兩位身著褐黃色長衫的法師走進來，他起身，一位法師接過他的資料表，瞄一眼，「師父，韓先生是台灣人，他是動物醫師呢！」

酒窩小姐忙不迭地介紹高瘦的中年比丘尼圓空法師，是館長，也是住持。另一位是安諦法師，兩位都是從台灣過來，一時都有故鄉月明土親的感覺。

寒暄幾句，安諦法師說道：「我們家的兩隻狗去過米格魯，我帶牠們去打疫苗。兩年前吧。」

「那時我還沒來，我來上海才三個多月。」子揚說。

談話中，子揚疑惑問道：「您們是佛教的法師，為什麼不是叫觀音寺，而稱觀音文教館呢？」

圓空法師淡然一笑，「佛在心中，不是外在的形象。我們以禪修靜坐、文化、藝術、教育等等，作為弘法的方便法門，也很好呀。」

法師沉思半晌，清亮的眼眸似從遠方飄回：「佛教，不只是一種信仰，一種心靈的寄託，佛陀的教法，是生命學，學佛是讓我們發掘出自己本自具足的真善美的佛性、本性，也才能不被人惑，不被事惑，不被境惑，而輕鬆自在。不是嗎？」

法師看著子揚，又輕聲問道：「你懂嗎？」

子揚一直專注聆聽，他點點頭。

外面響起「叩—叩—叩—」的板聲，圓空法師邀他一起用午餐。

離開「觀音文教館」，回到住處，他就迫不及待的打手機給若雪。來上海三個月，他只請一次假回台灣，待了四天即趕回來。平時每天忙著工作，晚上或假日獨處時，若雪的身影就占滿他的心田，連看書時，讀著讀著，她也會冒出來共讀、討論內容情節。

他興奮地跟若雪敘述今天的奇遇，「妳來上海時，一定要帶妳去觀音文教館，妳會喜歡的！」

手機那一頭，若雪心中笑著：除了綠色隧道、本色素食館，現在又多了一處我必須打卡的地方。

韓子揚對她「每事必報」。早些，知道陸曼妮去找他，若雪意外之際，調侃說：「她追到上海去了！有她，你就不會寂寞了。」

子揚拉下臉，有些生氣說：「別開玩笑，我不喜歡她。」

說到曼妮轉移目標，她直覺應是報復子揚的不理睬，不過她沒說出口，也不願淌這些渾水。

很高興子揚除了工作，能有一個讓他打發時間、安撫心靈的處所。

「若雪，我好想妳。」低沉溫柔的聲音響在耳邊：「妳什麼時候來上海？」

「暑假吧。」相較於子揚的坦白，若雪並沒有告知陸世峰每晚開車到學校載她回家的事。不是特意隱瞞，是她不願子揚擔心，也篤定信任自己能明確斬亂麻吧。

第五章

人間借路行

出家

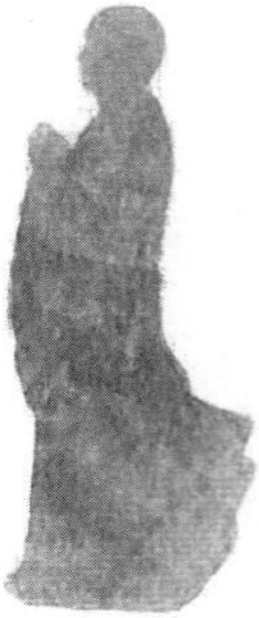

進入燠熱的七月，梧桐樹更枝繁葉茂。植物有情，盛夏的豔陽，刺目耀眼又如火般酷烈，濃密的樹葉，正好為人遮陽；到了冬天，它們脫下一片片葉子，讓陽光能灑下來溫暖每個生命。草木有本心，是和人類動物相互依存的慈悲心？

韓子揚問若雪哪天來上海，卻在微信上跳出一行字：「我報名參加光明寺的短期出家，八月才過去。」

看到「出家」二字，子揚心頭一震，馬上撥了電話：「妳要出家？」

「別緊張，短期的，才十天。」

「十天後，妳會不會就繼續留下來，真的出家了？」

「你以為真正的出家那麼容易呀！」

為安他的心，若雪溫婉的說：「十天後我會回家。」

子揚吐了一口長長的氣，放心下來。「頭髮要剃掉？」他想像她柔軟青絲散落地上，和她膚色一樣潔白光溜溜的頭，不，我不要看到！他趕緊切掉畫面。「男生要剃光頭，女生不用。」與「短期出家」訊息相比，延期來上海的事實變得堪忍了。

七月十日，江若雪攜帶簡單行李到光明寺報到。來參加的戒子將近一百人，男眾的比例約為四分之一。報到後，依指引往各自的寮房安單，四人一間的寮房，擺上四張單人木板床，以及進門貼著牆壁的共用櫥櫃，和臨窗釘製一排含抽屜的共用書桌，雖然所餘空間不大，卻也不覺得迫仄。

若雪第二次到光明寺，上回佛誕節、母親節的活動，熱鬧、喜氣洋溢，法師、義工都滿臉笑容。這次的戒會，身搭黑海青、黃袈裟的法師，都是一臉肅穆、不苟言笑，戒子們自然也跟著端正行儀，收攝身心。

第一天，為了摒除外緣干擾，進堂前要交出手機，由戒會保管。第一堂課程說明時，法師先講說舉辦「短期出家修道會」的因緣，是為了讓在家信眾能提升信仰，體驗出家清淨淡泊的生活。接著以《涅槃經》中所言：「居家迫窄，猶如牢獄，一切煩惱，因之而生。出家寬廣，猶如虛空，一切善法，由之增長。」和順治皇帝〈讚僧詩〉的：「黃金白玉非為貴，唯有袈裟披肩難。」期勉戒子珍惜並專心修道。

在佛事上，有出家典禮、講戒、懺摩、正授及傳授沙彌、式叉摩那戒等。課程內容，有行門的參禪、念佛、出坡作務，和解門的學佛行儀、梵唄習唱、認識戒常住、講解《勸發菩提心文》，以及經典選讀等等，藉由行解並重，引領戒子對佛教、佛法生起正見與信心。

若雪很快就適應規律嚴謹的作息。唯有「早覺」是個挑戰，平時在家多是六點半起床，寺院的四點半打起床板，對她和大部分的人應是難忘的痛苦掙扎吧！

正授開始，鐘鼓齊鳴，響徹雲霄的震攝聲中，身披紅祖衣的弘日和尚，在兩列身著黑海青、黃袈裟的法師前引下，莊重沉穩的走進大雄寶殿，從唱香讚、正請戒師、和尚開導、請聖、懺悔、受三番羯磨，到說戒相、傳衣缽具、回向，都如法如儀的依循古制。

若雪喜歡「請聖」，香花迎，香花請，一心奉請，諸佛菩薩、經律教典，以及歷代祖師、龍天護法……悠遠懇切又滿溢正氣的凜然聲韻，深深打入心田。緊接著的懺悔發願：「往昔所造諸惡業，皆由無始貪瞋痴；從身語意之所生，一切我今皆懺悔。眾生無邊誓願度，煩惱無盡誓願斷，法門無量誓願學，佛道無上誓願成。」則讓不少戒子流下感傷愧疚的淚水。

剛進堂前幾天，有人或因不習慣、緊張、拘束、嚴格、疲倦，或身體不舒服而勉強苦撐著。等方才適應就要離開，捨戒儀式上，交回衣缽具時，戒子們都面露難捨之情。

若雪感動只是十天的短期出家，結束後大家各自回家，各奔前程，常住竟總動員，費心費力，視如正式出家般慎重隆重。

在最後的叮嚀與分享，和尚開示：「人身難得，佛法難聞。現在大家不只得人身、聞佛法，更發心短期出家。回去之後，要能保任這顆初心，常隨佛學，護持正法，廣行菩薩道。」

在戒子心得分享時，若雪感謝常住如此隆重肅穆的讓戒子們體驗出家的殊勝、難得可貴。略停頓，輕聲問道：「我有問題想請教，可以嗎？」

正授時，弘日和尚就看到這位他認識的出塵脫俗的女子，他慈祥的點點頭。

若雪對每天早齋、午齋的過堂，印象深刻，每每唱著〈供養咒〉、〈結齋偈〉，都有親臨佛國，與諸佛菩薩、諸上善人同聚一堂共餐的喜悅。但是，〈供養咒〉之後，維那法師會再唱誦一段，不甚清楚，只知最後要大家各自「正念」，然後大眾回：「阿彌陀佛。」

她的疑惑：維那法師單獨唱的內容為何？為何念阿彌陀佛？是要大眾念此佛號嗎？

和尚溫和說明：「這一段叫『僧跋』，不用你們背誦，所以課誦本上沒有。」他請一位法師唱：「佛制弟子，食存五觀，散心雜話，信施難消，大眾聞磬聲，各正念。」台下戒子們很自然地回道：「阿彌陀佛。」

和尚笑著說：「這聲阿彌陀佛，如同佛教徒平時見面、打招呼會用，在這裡則有答應的意思，即是的、好的。」

若雪作為當機眾，提出問題，也讓大眾解惑了。下午到大雄寶殿向佛陀告

假之後，大家換回平常服裝，拎著行李箱走往山門的停車場。光明寺地處偏遠，
常住租了大巴士載他們下山去搭公車或火車。

若雪佇立停車場，回望階梯上方層層殿宇，何時會再來？依依之情油然而
生。她心裡念著唐朝詩人常建的詩：「清晨入古寺，初日照高林。曲徑通幽處，
禪房花木深。山光悅鳥性，潭影空人心。萬籟此俱寂，唯聞鐘磬音。」山居生活，
眼見耳聞是樹林、花草、鳥鳴、鐘磬聲，多美好愜意！

突然，「江老師！」有人喚她，循聲望去，看到唐仁君站在轎車旁向她
揮手，她喜出望外，唐仁君走過來。「妳也來了，好久不見。」若雪望著他
後面跟著走來的人，唐仁君轉身雙手摟著，「這是我太太、兩個孩子，哥哥
小六、妹妹小二。」也向大家介紹若雪是高中老師，是諾奇的顧客。若雪微
笑向他們問好。

她初次見到唐醫師的妻兒，一家都相貌端正、和善，予人好感。曾聽人說
唐醫師愛貓狗甚於愛人類。此「人」應該是不包含父母妻兒之親人吧。

「車子要開了！」大巴士前有人喊著。

「我來參加短期出家，結束了，要回家。」若雪匆匆說完，就揮揮手跳上車。

車子繞著一簇簇墨綠色樹叢旁的山坡往下駛，另一側，大台北區的房屋、街道逐漸變大、清晰。除了引擎車輪滾動聲，車內一片安靜，十天的身體操練，精神緊繃，乍放鬆，似乎如洩了氣的氣球，噗地癱扁，一個一個睡著了。

若雪閉著眼睛，腦海裡的波浪輕輕翻舞，拍打出一朵朵白花。自幼在西淨寺玩耍走動，住持惠守法師看著她成長，等著她出家、接棒，是寺裡不言而喻的公開祕密。

不過，爸媽沒同意，她自己也猶豫著。心中的牽掛是，妹妹若雅行動不方便，從國小高年級開始吧，她很自然地把揹妹妹視為自己的責任，至今依然。再者，大姊出嫁了，將來爸媽年紀老了，誰來照顧？這也是她義不容辭的使命。

沒料到來光明寺參加了短期出家，她心中竟萌生：我．願．在．這．裡．出．家．修．道。

不是西淨寺，是光明寺！

為何？她思緒尚模糊、未釐清。只是、只是，除了父母、妹妹的牽掛，現今又多了韓子揚的羈絆，如何是好？

回到家，她拿出手機，寫微信告訴子揚她已回家。過一會兒，他回覆：「太好了！我真擔心妳繼續留在那裡出家。」

晚上，盥洗完，她想起一件事。

出家第五天，出坡打掃寮區。下午四點多，陽光依然熾熱照在土黃色牆上。她拉開靠牆倒扣的水桶，準備清掃。牆下與地面平行約三公分高、十公分寬的踢腳板，有一團同樣土黃色的東西。

她拿著掃帚往前走，心中疑惑，這是什麼？以前有嗎？退回來再凝視，像三個葫蘆呈三角形狀連在一起，再剖開一半，平平挨著踢腳板黏貼地上。她蹲下來細看，土黃牆面粗糙，這座「小建築」，顏色比土黃色略深，而且似抹上了釉彩般的細緻光滑。這是什麼？疑團未解。突然發現一個小圓洞在左邊葫蘆頂上，看來是動物的窩了？

山上樹多鳥多，有時會撞見鳥巢，不過多在高處。除了鳥，這裡也有蛇吧？難不成是蛇窩？蛇會爬上三樓寮區的陽台築窩？閃進這念頭，她心生恐懼，也顧不得是否合乎邏輯，想像窩裡塞著無數的卵，很快變成一條一條的小蛇爬出來……才幾秒的瞬間，她不加思索即用掃帚另一端的木頭先輕敲、後猛挫，「決不能讓牠們變成蛇跑出來！」害怕的聲音，隨著木棍擊打。

葫蘆窩破碎了。她所見彷彿是一團泥土雜草垃圾堆，其中有三條醒目的長形黃綠相間的紙片或？心想：牠從哪撿來的鮮豔紙片，要裝飾屋子嗎？

雖然有許多疑問，驚魂甫定之際，匆匆將這些碎片？垃圾？掃進畚箕，倒入垃圾桶。

繼續掃地、拖地。

刺眼的陽光下，聽到一陣嗡嗡聲，一隻蜂在周圍繞著，她手揮動驅趕。

到底是什麼動物來築窩？她心頭仍存著這未解的謎題。

於是她打開電腦，上網打「什麼動物會在地上牆邊築窩？」瀏覽一則則的資訊，驚喜得到正確的答案，牠叫「黃胸泥壺蜂」，她回想，那隻蜂確實有著鮮黃的腹部，以其所築之巢如酒壺型而得名。泥壺蜂也因如此精湛的技藝，贏得超級建築師、陶藝大師的美名。

而且，以前的人就用葫蘆裝酒。了解牠的得名和種種光榮事蹟，她心生愧疚，竟因自己的恐懼、愚痴、孤陋寡聞而草率毀壞牠為了下一代而精心建擘的房子。

對不起，泥壺蜂。

那三條被她誤認的鮮豔紙片，則是綠色尺蠖蛾，是泥壺蜂為牠未來的寶寶準備的食物。

她心想：人類，如我，因未知而恐懼，也因未知而傷害其他生命。

滬行

八月，韓子揚的父母要和社區大學的學員們一起去金門遊旅，若雪的媽媽則因大女兒要帶孩子回娘家玩幾天。兩家原定去上海的計畫無法成行，但都遊說若雪前往，當老師的只有寒暑假才有長假呀。

夕陽霞光把晴空下的山林、海岸、田野，抹上淡淡酡紅，沒多久，如積木般層層疊疊的房子躍進眼簾，由小變大，上海到了。

若雪第一次來大陸。身為中華民族的炎黃子孫，所學的是中國文學，書裡認識的孔子、孟子、屈原、李白、杜甫、陶淵明、蘇東坡、王國維……都生長在大陸。書裡讀到的山河大地，如屈原自投的汨羅江、李白的來自天上，「奔流到海不復回」的黃河、蘇東坡「大江東去，浪淘盡，千古風流人物」的長江，以及〈岳陽樓記〉的洞庭湖。

還有北京的故宮、頤和園、萬里長城，山東的泰山、曲阜的孔廟，甚至西北的青海、西藏、新疆……太多太多能引發思古幽情，盼能親臨探訪的人文古蹟。她心中念著余秋雨的「千年走一回，山高水又長。東方有人長相憶，祖先託我來拜訪。我是屈原的夢，我是李白的唱……」不管兩岸的恩怨，我要造訪的是「文化中國」、「文學中國」！只是，沒想到初步踏上的竟然是繁華的上海。

降落虹橋機場，隨著大夥兒跨出機艙，每個人都如被趕的鴨子般快速往前走，排隊通關、領行李。一踏出候機門，紅繩護欄前竄動的人群中，她一眼就瞧見韓子揚高挺的身影，他咧嘴開心的揮著手臂，一邊挪身往欄外走。

「歡迎來到上海！」子揚接過她的行李箱，笑逐顏開望著她，仍是灰紅色、五分袖的上衣和黑色長褲，簡單的穿著，掩不住天生的秀麗風華。

他關心問道：「飛機平穩嗎？妳有暈機嗎？」

「還好。」見到子揚，若雪一路不安的心情紓緩下來。握在他手掌的小手，頓時湧進一股股的溫暖與鎮定。

坐上出租車（計程車），近七點，天色已暗，高架橋兩旁的路燈下，來來往往行駛的車頭燈宛如滾金輪比賽閃閃耀眼。進入市區，車速變慢，轉了幾個街道，停在一棟大門燈光特通亮的屋前，門上鐫刻「如祥酒店」四字，子揚低聲告訴若雪，大陸稱飯店為酒店。他特意找尋離自己住處不遠的酒店，如祥規模不大，但看起來頗乾淨。

子揚遞上若雪的台胞證，他說：「已經有登記了。」櫃台後的男士瞧著若雪潔白秀麗如仙女般的容顏，再低頭核對資料，「就一人入住？」「是的。」然後面露曖昧的神情，把台胞證和鑰匙交給子揚。若雪有些發窘，雙頰熱紅。服務員帶他們搭電梯到三樓310室，告知餐廳在一樓及用餐時間，即退下。

房間設備和一般酒店差不多，少了華麗的裝飾，簡單清爽的格局，舒適宜人。若雪放下背包，子揚問：「肚子餓嗎？」「不餓，在飛機上吃了晚餐。你呢？」「還好，知道機上有供餐，去接妳前，我也吃了東西。」

兩人面對面站著，空氣有些膠著、尷尬，子揚深情望著她，伸出雙手摟她入懷，兩人靜靜的，只聽到對方的心跳聲。

好一會兒，若雪輕輕推開他，「我累了，我想要洗澡，你回去吧。」

「妳一個人住這裡，會害怕嗎？」子揚關心問道。見她猶豫，沒出聲，又說：「我可以留下來陪妳，我睡在沙發上，不會吵妳的。」

他誠摯地說。是的，對於若雪，他真心愛她、憐她，又視她如聖潔的觀音，不敢隨意的侵犯。

若雪第一次到大陸，第一次單獨住進陌生的旅店，她心中確實忐忑不安。沉吟半晌，「不用啦，」她強裝勇敢，又補一句：「我習慣一個人睡，你在，我會睡不著。」

子揚尊重她，不勉強。他看看窗戶、拉開櫥櫃、檢查浴室是否有熱水，再叮嚀：「除了鎖門，也須扣上鏈條。」

「明天早上，我過來陪你一起吃早餐。」擔心的再提醒：「有事，打手機給我。」

餐廳七點半開始供應早餐。兩人繞了一圈，回到座位，若雪的盤上是炒青江菜、淋了醬油膏的方塊白豆腐，和蘋果、小番茄。子揚則多拿了兩顆現煎的荷包蛋，「吃個蛋，好嗎？」若雪搖搖頭。

她拿筷子挾青菜放入口中，眉頭一皺，輕輕吐出，用面紙包起來。「怎麼？」「有蔥。」子揚把青菜撥入自己的盤子。「怎麼辦？妳能吃的東西不多。」他面露憂色。「沒關係，有水果、麵包，加上一杯咖啡，蠻豐盛的早餐啦！」她微笑平靜說道。

韓子揚請了兩天假來陪若雪。他興奮說著心中的行程規劃。「我騎摩托車載妳去兜風！」他興致勃勃地說。「你不是都騎自行車上班嗎？」「租的。原本想買一輛，方便跑遠路。沒料到一張摩托車車牌號，竟然要十二萬人民幣！」「太離譜了！」若雪咋舌。「有人建議我乾脆買一輛轎車。我不要，我沒打算在這裡久住，一兩年就回去，到時候要處理汽車也麻煩。」

跨出大門，即見旁邊停著黃色車體的摩托車，還算光鮮乾淨。車身不高，若雪輕鬆跨上後座，子揚雙手往後牽她的手臂環在自己腰上。說聲「坐好！」

就啟動。

上班時間，路上車來人往，車聲、喇叭聲，紛紛嚷嚷，轉進新華路，瞬間白燦燦的陽光倒退，彷彿來到影片裡美麗的林蔭大道場景。子揚側頭告訴她：「這就是上海最浪漫的一條路！」

他放慢車速。若雪仰望被濃密樹葉遮蔽的天空，俯視地上黑白交織的曼妙舞姿，好一幅「天光葉影共徘徊」的動畫。只可惜不時響起的喇叭聲，煞風景的打破一片寧靜。

摩托車停下來，子揚指著對街一棟深棕色木屋，「它是『本色素食館』。」

「外觀蠻樸素的。」

「食物不錯，很新鮮可口。」他欣喜期待的說：「中午帶你來吃大餐，彌補早餐的寒酸。」

下一個打卡地點是「觀音文教館」。推開虛掩的矮柵欄，庭院裡兩隻小狗張口「汪—汪—」叫，邊搖著尾巴邊走過來。子揚說，「不用怕，牠們不咬人，是告訴主人有人來了。」「是迎賓狗呢！」若雪微笑和牠們揮揮手。

跨進門，服務台裡的師姐起身招呼，他們往左正想參觀美術館，客堂走出幾個人，子揚眼角一瞥，瞧見圓空法師，回身走到他面前，「法師，您好！」

「韓醫師，今天怎麼有空過來？」圓空法師含笑問道。眼睛瞄向他身邊，子揚趕緊介紹：「這是我女朋友，剛從台灣來，我帶她來參觀。」若雪雙手合十，恭敬的說：「師父，您好，我叫江若雪。」好清脆柔軟的聲音，圓空心想。凝視她美麗又脫俗絕塵的臉孔，心中讚歎，要他們先到客堂喝茶。談話中，圓空法師了解若雪是國文老師，以及她的學佛因緣，之後關心她在上海的住宿。子揚說：「如祥酒店還算乾淨，只是若雪吃素，用餐比較麻煩。」

「哦，妳吃素，幾年？」圓空法師問。

她思考一下，回道：「二十六年吧，我是胎裡素。」

一時，在場的法師和義工譁然驚羡。知道她剛參加了短期出家，圓空法師悠悠說著：「妳應該是佛門中人。」

子揚皺起眉頭，神色黯然，「法師，不要叫她出家，她出家，我怎麼辦？」情深，又患之不得。若雪心生不忍。

圓空法師心中嘆息，溫和地告訴他，佛門不會輕易叫人出家。並說明教團有比丘、比丘尼、優婆塞、優婆夷四眾弟子，「你們也可以組成佛化家庭，共同學佛，護持佛教。」

他轉話題，「若雪不一定要住酒店，可以來這裡掛單。」「真的嗎？」若雪喜形於色，「我不喜歡住酒店，昨晚一直沒睡好。」為了不讓子揚擔心，她一直沒說。

「我們有客房，提供給外地來的信徒住宿。」隨即交代師姐準備。

「現在就去退房，再回來用午餐。我請義工開車載你們去把行李帶過來。」住持做事果決明快，親和的語音中，有著令人無法拒絕的攝受力量。

若雪行李不多，把衣服、盥洗用具收入皮箱，下樓來子揚剛付款、辦好手續。回到文教館，剛過十一點，師姐帶她搭電梯上四樓，走出電梯，西單牆壁寫著「修道地區，敬請止步」八個字。師姐說：那是法師們的寮區，不能進去，東單才是客房。

一床一桌一椅一櫥櫃，和光明寺一樣，都是簡單樸素的木製家具，方正的小空間，在寸土寸金的上海也著實不易吧。「此心安處即吾鄉」，若雪放下行李，欣喜這幾天能有個安心安穩的落腳處。

對於被稱為「魔都」的上海，她無所謂的愛與惡。它的繁華、摩登、耀眼……

並不著意，只因子揚的盼望、家人的慫恿，她才前來，當然，自己多少也想了解子揚在上海的生活空間吧。

下午參觀了文教館各樓層之後，子揚載她到米格魯，一進門，動物醫院特有的場景、氛圍、氣味，令她油然生起熟悉感。

陳永和在院長室和她見面，寒暄並關心她在上海的狀況。心底讚歎子揚能有位秀美又溫雅的女朋友。談著，若雪憶起兩年前在諾奇，也是在院長室，唐醫師也是坐在茶几對面的沙發和她談話，那時還有弘日法師，後來韓子揚跑進來，那是他們初次認識。

方才聽到門外有喧譁的聲音，一個嬌小的身影出現，「咦？那麼漂亮的姑娘！」

子揚站起來為她們介紹，張海蓮親熱的拉著若雪走往會客休息室。

「曼妮，韓醫師帶來一位新朋友。」

正將點心飲料擺上桌的曼妮轉頭見到若雪，臉色陡變，有些驚慌失措，「妳怎麼會來上海？」聲音微微顫抖。

「曼妮，好久不見。」若雪自在的微微一笑。

海蓮疑惑看著她們，「原來妳們認識呀！」韓子揚走進來，答道：「她們都是台灣諾奇醫院的顧客，因為貓狗而認識的。」

曼妮很快就調平激動的心緒，以女主人的姿態招呼大家用點心。她詢問若雪這兩天的行程，問子揚打算帶若雪去哪些景點玩。

「若雪說想去魯迅公園，想看看一些文人故居，如張愛玲、杜月笙，聽說孫中山故居也不錯，還有她想去龍華寺走走。」韓子揚對上海不熟，這些景區他沒去過，不過已作了功課，查明交通、路線。

「都是古老的地方，有什麼好看的。」曼妮嘴裡嘟噥著，「去走走也可以啦，不過既然來到上海，這裡的重要景點，像東方明珠、外灘、豫園、田子坊、新天地……應該要去參觀吧。」

沉默好一陣子，進來吃點心的護士、醫師，也表示這是上海不可錯過的景點。

「這樣吧，」曼妮爽快說：「明天，你們去看老地方。後天，我和海蓮帶若雪去這些熱門的景點玩玩。」

子揚望著若雪，她沒意見。子揚接下來要上班了，他也感謝有曼妮陪同。

離開米格魯，子揚打電話給文教館，告知晚上不回去吃飯，他依約帶若雪到「本色素食館」用餐。來得早，才剛六點，人不多，他們選了靠窗的位置。兩人都拙於點菜，就依服務員的推薦，點了翡翠蒸餃、涼拌黃瓜杏鮑菇、黃金豆腐、炒番茄花椰菜、茭白絲豆皮捲和天山雪蓮湯。

「沒有飯，你吃得飽嗎？」若雪問。

「先這樣，不夠再點。」子揚愉快說道：「還有甜點、水果呢！」

這家素食館的特色是純素食。除了採用自然有機食材，料理上無味精、無素料，沒有仿葷的食物，頗受吃全素者的青睞。

陸陸續續來了不少顧客，一、二人的方形小桌、四到六人的長形桌、十人的圓形桌，幾乎快坐滿了。冷氣房裡漫溢著食物的暖香味，窸窣的人聲笑聲，營造了昇平歡暢的氣氛。

「媽媽，我要吃冰棒！」稚嫩的童音喊著。

「這裡有冰棒？」若雪喜出望外，跟子揚說：「我也要吃冰棒。」碗盤裡的食物已快見底，子揚像哄小孩，笑著說：「好，吃完飯就給妳吃。」

買了兩根芋頭冰棒，若雪口中含著沁涼甜滋滋的冰棒，牙齒尚未咬下去。明眸帶笑如孩童般純真喜悅又幸福的神情，讓子揚心神一蕩，他拿起手機拍下這絕美的畫面。後來帶她玩手搖棉花糖，拉捲出一支粉紅色的棉花糖，那天真興奮的臉蛋，也拍了下來，子揚心底對自己承諾：「將畢生守護她，許她一生的幸福。」

隔天早上，兩人搭地鐵到魯迅公園。寬敞的空間，除了樹林、湖泊，多了紀念魯迅的主題景點。墓園四周一片翠綠，他的銅鑄坐像，坐落在中央平整的草坪上。臉龐清瘦，短頭髮，唇上如小山丘般的濃密鬍鬚，是他鮮明的造型。

子揚說他對魯迅並不熟悉，只在很早以前讀過他的《阿Q正傳》，對他書中塑造阿Q這個小人物的性格，印象深刻。「橫眉冷對千夫指，俯首甘為孺子牛。」我喜歡這句話。若雪說下兩句是：「躲進小樓成一統，管他冬夏與春秋。」

子揚指著墓地，「現在他躲在這裡，真的什麼都不用管了。」這位性格激進、獨特，文筆犀利的思想家、文學家，不論行事作為或作品，都有許多正反兩面的評價。

灰瓦白牆的紀念館，陳列了他的相片、手稿、遺物等等。他倆駐足片刻，繼續前行，來到一片水泥空地，大樹下，立著數尊雕像，近看，矮牆上寫著「世界文豪廣場」，有莎士比亞、狄更斯、但丁、泰戈爾、歌德、雨果……他們或坐或立，表情、動作不一，饒有興味。

遠處傳來韻律操的音樂、拍打聲、赫赫聲，另一方似又聽到唱戲的音聲。他們悠悠哉哉地逛著，見亭子裡有人在下棋，三兩人站在旁邊觀棋。看來此公園不僅是遊客參觀的古蹟、景點，還是附近居民運動、娛樂的自家後花園呢。

酷暑中，難得這天陽光不大，溫煦穿過薄薄的雲層，微風輕拂樹梢，已近中午，有人離開，有人進來。他們竟有些流連，不忍離去。

若雪感慨說道：「魯迅一生，毀譽兩極，評價不一。往生後卻有那麼大的地方供他安息，實在不簡單。」

子揚接口：「而且每天有那麼多人來看他、陪他，唱歌、跳舞、下棋，給他欣賞。」

「早去投胎了吧！」若雪回過神，沉吟半晌，「不過，按照民間的說法，人死後會有三魂，一魂在骨灰、一魂在牌位、一魂去輪迴投胎。」走出大門，他們回望一眼。

「白天熱鬧，晚上就安靜、寂寞了。」

「晚上，妳敢不敢來？」子揚打趣問。

「不敢，我膽子小，你陪他吧。」兩人哈哈相視，盡興而返。

他們找個餐館，隨意填肚子。「接下來妳要去拜訪誰？張愛玲？徐志摩與陸小曼？……」

若雪想一想，說：「很多人喜歡看張愛玲的書，我只讀過她的《小團圓》、《色．戒》，勉強看完，不是很喜歡。擁有那麼多讀者的名作家，作品應該很優秀、有水準，可能不適合我的口味吧。至於徐志摩，他很有才華，是浪漫的詩人，但是我不喜歡他對感情的態度。」

子揚靜靜聽著，深深凝視這張優雅淡泊的臉龐，平時輕嗔薄怒，似不食人間煙火，卻心中自有一把尺，自有定見。

兩人隨意走走逛逛，傍晚回到觀音文教館用晚餐。

陡梯

陸曼妮、張海蓮帶著若雪在一棟棟色彩或鮮豔或古樸，但皆精雕細琢的建築中穿梭。曼妮說，豫園、城隍廟，是來上海絕不能錯過的著名景點。難怪人潮擁擠，用萬頭攢動來形容也不為過，加上喧鬧的聲音，在空氣中沸沸揚揚，若雪心底喊著：我要離開、我要離開！

廟裡神明或許靈驗，園林的迴廊、曲橋、流水，也應清雅，是因為它已成為商業區，聚集許多餐廳、珠寶店、土產店……？她腦海裡自然浮起昨日在魯迅公園的閒適景象與心情。

廊道盡頭貼著「廁所」的指標。她們走下略窄的陡梯，後面傳來吵雜的聲音，有一群人跟著走下來。距地面尚有五六階梯吧，若雪感覺後背被人猛一推，她啊的叫一聲，身子往前，不是沿著階梯跌下來，是如踩空般直接跌撞到地上，只覺左腿劇痛，眼前一片黑，海蓮、曼妮奔下來，海蓮驚慌叫著：「怎麼樣？怎麼樣？」

她坐在地上，惶恐顫抖的說：「我眼睛看不見了！」

像墜入黑暗的地窖，她伸手晃動、抓取，卻看不見手指頭，她害怕眼睛瞎掉甚於腿傷！只知道會痛到眼冒金星，不知道會變成一片漆黑。

「怎麼會這樣？妳眼睛閉一閉。」海蓮慌張，手足無措。

她眼睛閉上，幾秒後再睜開，眼睛看得見了。安下驚恐的心，左腿腳踝、腳掌的劇痛又回來。曼妮和海蓮扶她站起來，「好痛！」「能走路嗎？」她搖搖頭。

海蓮說要趕緊去醫院，曼妮打手機給載她們來的公司司機，要他把車開到大門口。一人一邊扶著若雪，左腳不能著地，她忍痛輕輕踮著腳尖，被攙著慢慢走。遊客紛紛讓開，投以關懷的眼神。

司機是當地人，熟門熟路，約二十分鐘就來到醫院。掛了急診，照了X光，骨科醫師給她看片子，說在腳背靠近腳踝處，有兩道呈「卜」字形的裂痕。若雪一直喊痛，醫師先給她打一針止痛劑。

海蓮問：「為什麼骨頭斷裂，腳背也腫脹發紫？要開刀嗎？」

「強烈撞擊，血管破裂，瘀血啦。」醫師轉頭跟若雪說：「骨頭沒有破碎，不用開刀，我們用石膏固定，斷裂的地方慢慢會癒合。」

叫若雪把腿擱在木凳上，他先將長條白色棉布套剪一截，從腳掌穿至小腿，露出五個趾頭，再拿著一捲紗布，一圈圈往上斜滾包紮。體格粗壯的醫師，一雙手靈巧輕柔，包得很漂亮，若雪心想。

護士拿來一個灰色桶子，醫師伸手撈出一片濕淋淋的厚厚白布，用手略擰了水滴，即小心翼翼覆在紗布上，連合處、上下開口的地方，再略作修整，醫師點點頭，似滿意自己的作品。

若雪望著腿上陌生的附加物，初始的溫熱感已消退，她手指輕輕碰一下雪白的石膏，經過十分鐘已經變乾變硬。

醫師開了三天的消炎止痛藥，說兩個月後再來複診。

若雪說：「醫師，我不住在這裡，是來旅遊的，過兩天就回台灣。」醫師愣了一下，「那我開診斷書給妳，兩個月後去醫院照X光，如果骨頭已經癒合，醫師會幫妳拆掉石膏。」他又說：「待會兒，護士會告訴妳注意事項。」

兩人攙著她走，到了領藥處，她坐下來，拿出錢包請曼妮幫忙繳費。「帶妳去玩，讓妳受傷，是我要付費。」曼妮推回去。海蓮也搶著付錢，後來還是曼妮付了。

護士給若雪一張「石膏固定須知」，並特別交代：要保持石膏乾燥、洗澡時要套上塑膠套保護，不能把東西插入石膏內抓癢，腿抬高，可減少腫脹……她跟護士要了一個塑膠袋，把一隻鞋子包起來放入背包。護士再給她一個塑膠袋，幫她套在腳上，「暫時包著，以免走路弄髒石膏，回去可以穿拖鞋。」

她顫顫巍巍地被扶著走，石膏護住的左腳，腫脹感仍在，外側斷裂之處尚隱隱作痛。車上，海蓮建議去買助行器，若雪說她想先回文教館。

圓空法師見若雪跛著腳、被扶著走進來，吃驚得愣住了！若雪倒臉色平和，微笑的介紹兩位朋友，說她們都來自台灣，張海蓮還是米格魯醫院的院長夫人。

圓空法師皺著眉頭問她怎麼受傷？她只簡單說明：下樓梯，人多，被推擠跌倒。

「幸好不用開刀。」

法師望著兩位小姐，突然他目光炯炯的盯著曼妮的臉孔，如劍般銳利的光芒，刺得曼妮眼睛倉皇移開，閃爍的眼神一時不知往哪裡放。

這時，雙眼不時望向左前方的海蓮出聲：「師父，我可以把那張椅子拿過來嗎？醫師說若雪的腿要抬高。」

圓空法師點點頭，旁邊的法師馬上去拿，海蓮接過來，將若雪的腿放上去，她才鬆了口氣。

意外事件讓她們三人身心俱疲，意興闌珊。曼妮起身說：「我們去幫若雪買助行器。」

「不用，文教館有。」圓空法師說：「有時候來這裡的信徒會需要，我們也備有輪椅。」

她們離開後，圓空憐惜的看著若雪，沉思片刻，緩緩說道：「我擔心的事情，還是發生了。」

若雪疑惑的看著他。

「我以為會是在酒店，所以要妳搬過來這裡。」他深深嘆口氣，「沒想到還是發生了。」

旁邊的法師插嘴：「我們師父有神通，第一天看到妳，就說妳會有災難，他很掛礙。」

圓空打斷，「要你多嘴！」訓了他，「我哪有什麼神通？只是第六感比較敏銳，有時會事先感覺到一些事吧。」

圓空想了解曼妮的背景。若雪和她接觸幾次，交情不深，只知她家境優渥，是嬌生慣養的獨生女。若雪沒說出她喜歡子揚這件事。

剛想起他，手機鈴聲響，「若雪，妳們在哪裡？去看東方明珠了嗎？」子揚問。

「沒有，我回來文教館了。」

「啊！那麼早回去，為什麼？」

若雪遲疑幾秒，輕描淡寫說道：「我跌倒受傷，所以就回來。」

「怎麼跌倒？傷在哪裡？」驚訝急促的高八度聲音，從手機傳出，圓空法師也大聲叫他過來吃飯。

不到半小時，他就滿頭大汗的衝進來。今天患者少，他提早離開，騎自行車到住處，正要上樓，心想問一下她們玩到哪裡？一聽她受傷，他又跨上車急急奔過來。

子揚坐在若雪左前側，他輕輕拉高她的褲管，看到石膏上方的位置，微微點頭。繼續聽著若雪敘說跌倒、就醫的情況，也看了醫師寫的診斷書。

「原來石膏是這樣裹上去的。」止痛藥生效，不再劇痛，她竟似發現新大陸那般新奇，甚至有些興奮，「你看，我穿著漂亮的長筒靴呢！」

子揚一路掛念、心疼若雪受傷，現在被她的輕鬆感染，他食指在她露出的五個白皙柔嫩的趾頭上輕輕敲著，如彈鋼琴。

「你幫我在石膏上寫下今天的日期。」若雪開心的說。子揚去服務台借了簽字筆，在石膏上方寫下：2019.08.10。

酒窩師姐推著輪椅出現，「吃飯囉！住持說妳坐輪椅比較方便。」

子揚熟稔的扶她坐上輪椅，進到齋堂，圓空法師要他們坐在他旁邊。坐在輪椅上挾菜不易，法師還體貼的用盤子裝好菜放在她桌前。吃了幾餐，若雪喜歡這裡簡單清淡的的菜肴。法師說上海人煮菜，喜歡多油、鹹鹹甜甜混一塊兒，

「我可是調教許久，才改正廚房師姐們的習慣。」

談話中提起若雪過兩天將搭機回台灣的事。子揚說他會陪若雪回去。「不行啦，你要上班，你才剛請了兩天假。」若雪轉頭看著他。

他篤定說：「我可以請假。但是暑假期間，機票難訂，我臨時買，不知道有沒有票？」

「我們有位師姐開旅行社，你給我班次，我來問她。」圓空法師說。子揚把放在微信的班次時間傳給他，他馬上拿起手機聯絡。

子揚小聲跟若雪說：「如果這班已經客滿，妳就換票，改搭我能坐上的班次。」他那堅定固執的表情，令若雪啼笑皆非。

圓空放下手機，繼續吃飯。隔了半晌，鈴聲響起，四隻眼睛望著他端莊祥和的臉龐，神情先是凝重，過一會兒，眉宇舒展，微笑連聲說謝謝。他說這班機原本已客滿，有位先生臨時有事，剛剛才退票，給你坐上了。

有子揚陪著，圓空法師放下心，他說：「若雪這段時間還需要輪椅，這台就讓他帶回去。」子揚接口道：「等若雪傷好了，不需要，我再帶回來。」「沒關係，文教館還有一台。」

若雪覺得傷口又隱隱作痛，她拿出藥袋，子揚打開，看看藥丸、藥名，拿出一包，倒杯水給她，說：「是消炎止痛，三餐飯後吃，三天後就不會痛了。」跌傷後的折騰，她已身心俱疲，想要回寮休息。子揚叮嚀一些照護事項，說明天下班後會來看她。

圓空法師要一位法師陪她上去，進電梯前她說：「我想我應該學習自己操作輪椅。」法師笑一笑，握著手把的手放開，到了四樓，也讓她自行駛出，轉彎。剛進寮房，門尚未闔，就見法師拿著兩張塑膠椅跟過來，「妳洗澡需要椅子，一張坐著、一張擱著腿，還有，塑膠布讓妳包石膏，不會弄濕。」細心又木訥的法師，邊說邊拿進浴室。

小小的骨裂，裹上大大的石膏，牽動、改變了她習以為常的日常生活。她小心翼翼地脫衣、抹皂、淋水……

獨處了，埋在心底的疑惑竄出頭。回溯窄梯的場景，身後是有吵雜聲，是有一些人走下來，但感覺上，她不是被擠推跌下來，是一隻手臂猛力撞擊她後背而摔到地上。走在她後面的是曼妮和海蓮。

當時的驚嚇、痛楚，是自然的身體反應，但她沒有一絲的埋怨、生氣。明白這兩個月必然會有諸多不便，她也心平氣和、不緊張。

真的是曼妮？她心生憐憫，理解她喜歡子揚卻無法獲得的心情。受傷的事，要跟爸媽說嗎？想想還是先不說，免得他們隔空掛念。等後天回去見面再解釋。

陡梯上，曼妮望著前面的若雪，烏黑秀髮紮個馬尾，隨著走路晃呀晃的。她仍是穿著簡單，淺灰色短袖上衣，圓領上露出白皙纖秀的頸子。她的眼睛如被針扎，痛到心坎裡！就是她，韓子揚才不愛我，我比她先認識韓醫師的，沒有她，韓醫師會喜歡我的。

嫉妒她的美，怨恨感情之路，因為她而挫敗，瞋恚之火在心中燃燒，恨不得把她吞噬，讓她消失！於是猛地往前一推！

周圍的驚呼聲喚醒曼妮的理智，看到若雪受傷痛苦的神情，她心生愧疚，後悔自己太殘忍了，不過，也只是短暫的愧疚。見她依然美麗，心想如果有硫酸，往她臉上潑下去，所有的美都不存在了。再想：潑硫酸是明顯的傷害罪，會坐牢，不行。這次神不知、鬼不覺的讓她受傷受苦，也算是發洩了。

想到此，腦中浮起圓空法師注視她的犀利眼神，似乎心知肚明。管他的，反正以後也不會去他那裡。

回到大哥家，洗完澡，吹風機吹乾頭髮，舒適的冷氣讓她全身清爽。她拿起手機，嬌嬌嗲嗲說：「高華，下班了吧，在做什麼？」電話那端回了幾句，她回說：「想你呀！哪天你放假，帶我出去玩玩吧。」

回台灣的班機訂在下午。圓空法師要子揚來文教館用午餐，吃完飯，他請義工送他們去機場。到虹橋路不遠，子揚原打算搭出租車，但法師慈悲關照，就感恩接受了。

臨上車時，圓空法師低聲告訴他們：「小心陸曼妮。」若雪輕輕點頭，子揚雖不明其意，也沒多問。

他按住輪椅手把，若雪已能右腿使力，自行站起來，他再協助移動坐進後座，並將輪椅折疊擺在她旁邊空位，自己坐在前面的副座。

若雪側身雙手伸出窗外，圓空法師握住，對她有著不明原因的疼惜和惦記。若雪感受到他手中溫馨的暖意，心底卻有些傷感，「今生一照面，多少香火緣」，這一別，以後會再見面嗎？

到了虹橋機場，子揚把兩個行李箱放上推車，他一手推輪椅，一手推行李車，兩種車高度、大小不同，走得磕磕絆絆，有些狼狽。

「你推行李就好，我可以自己走。」若雪咯咯笑道：「我不會開四輪的汽車，這兩天訓練下來，這台兩輪車，我已經駕駛得不錯喔！」

進入大廳，辦理登機手續、行李托運，過海關之後，他們輕鬆的往登機門走去。寬闊的長走道，兩旁是燈光鮮亮、擺設高雅的各種商品店。若雪忽然轉頭說：「這次出門，因為受傷，竟然忘了買禮物回家。」

子揚的手從後面手把移到她頭上，他喜歡撫摸撥弄她細滑的頭髮，「還有時間，就在這裡買吧。」他們走進像兒童城堡般色彩繽紛的背包、提包店。走一圈，若雪買了一個鵝黃暖色底，繪有棕白摻合的可愛小狗背包。

「若雅屬狗，這個給她。」想起若雅念小學時，有一次談到生肖，她噘著嘴，問：「為什麼十二生肖沒有貓？狗狗、貓咪常常看到，有人會養蛇嗎？為什麼蛇能進十二生肖，貓就沒有？」童稚的聲音，吐出打抱不平的語言，令人發噱。

再買了一盒杏仁糕點給爸媽。兩樣禮物都是子揚付款，他嬉皮笑臉說道：「背包討好小姨子，糕點孝敬岳父母。」若雪瞪他一眼。

回到登機處，果真滿滿的人，加上奔跑玩耍的小朋友，洋溢著快樂暑假的氣氛。若雪問子揚，回到台北住哪裡？他說仍住在原來的松山房子。「房東是我父親以前的同事。我去上海前本要退房，他知道我只是去支援一兩年，就說先空著，暫時不出租，我回來還可以繼續住。昨天有跟他說今天會回去住。」

沒多久，廣播聲響，要旅客開始登機。商務艙的先行，這時，航務人員跟他們招手，「行動不便的也先登機。」子揚推著輪椅一道進去，他跟若雪說：「托妳的福，我也當貴賓了。」

空蕩的機艙裡，她得以從容的把身體從輪椅移至座位，待她坐定，空服人員將輪椅折疊收到後面置物櫃。

空氣中，優雅的音樂輕輕柔柔迴盪著。若雪驚喜低聲說：「你聽，什麼音樂？」子揚豎耳一聽，脫口道：「蘭花草！」在大陸的飛機上，竟然能聽到胡適的這首歌！這是她喜歡的歌曲之一，她嘴裡不禁輕聲哼著：「我從山中來，帶著蘭花草，種在小園中，希望花開早……」神色怡然。

旅客陸續進入，找座位，放行李，一片嘈雜中，似乎沒有人留意到這首歌。

一週前，在空中忐忑、興奮之情交織，為探望子揚，為初次登上大陸。才過幾天，現在卻是帶著傷回台灣。不過，有子揚陪著照顧，幫她打點一切事，著實讓她倍感安心。

第六章

人間借路行

抉擇

江炳昆看到若雪坐著輪椅出現，嚇一跳！見到旁邊推著推車的子揚，又是一驚！皺起眉頭，慌張問道：「妳怎麼了？」若雪嫣然一笑，溫婉的說：「爸爸，別擔心，只是腳受傷。」看見女兒神色如往常，稍稍定下心。

坐上車，子揚先向江炳昆致歉，說他沒有照顧好若雪。「又不是你的錯！」若雪趕忙解釋。是曼妮、海蓮帶她去玩，人多被推擠跌傷的。她知道父親內斂寡言，便主動將這幾天在上海的行程，藉由和子揚的一搭一和，讓父親了解。

江炳昆才將車停到門口，在店裡的若雅就喊著：「媽媽，二姊回來了！」

待見到子揚從副座出來，拉開後座門，拉出輪椅，扶若雪坐上……非預期的畫面，衝擊等待的母女倆。若雪有心理準備，平靜而輕鬆的重複她受傷之後的「安慰話」。（奇怪，是我受傷，為什麼反而是我在安慰大家？）

若雪把杏仁糕點給爸媽，背包給若雅。她說：「因為發生意外，沒辦法去買禮物，只能在虹橋機場的免稅店隨便買買。是子揚付錢的。」

「謝謝韓大哥！」若雅喜形於色，說道：「好漂亮的背包，我喜歡！我屬狗，一定是二姊選的，謝謝二姊！」

晚餐時，若雪簡單敘說在上海的行程，子揚有時補充幾句，聽著聽著，若雅冷不防冒出一句：

「如果有韓大哥在，他會保護二姊，不會讓二姊受傷！」

「咦！妳替韓大哥講話？」琇玲笑著故意捉弄她，「因為他送妳背包？」

「才不是，他不送我東西，我也會說他好。」若雅一副正氣凜然模樣。

「小妹，謝謝妳的信任！」子揚欣然說。

怎麼受傷？這點很重要！肇禍者非子揚，讓他能繼續維持在江家的地位。

他好一陣子沒在江家吃飯，分外珍惜。飯菜依然可口，氣氛仍舊溫馨。若雪回來，白點很興奮地喵喵叫，卻對陌生的輪椅有警戒，時而鼻子嗅嗅，爪子碰碰，又跳開。子揚伸手抱住牠，放到若雪懷裡，牠即用舌頭舔舔若雪的手，安穩地窩在她大腿上。

琇玲問子揚何時回上海？子揚說後天。那麼快！她心中浮上一個人影，同樣鍾情若雪的畫家。

子揚說明天他想去諾奇看唐醫師，問若雪要不要一道去？若雪猶豫半晌說：「不要吧，帶著傷，我還是在家乖乖抬腿。」

他跟琇玲說明晚會來吃飯。離開前，他以醫師的口吻告訴若雪：「傷口應該不會痛了，會不舒服的是腫脹，只要坐著就抬高腿。可以藉助行器練習走路。兩個月後，石膏拆掉，這隻腿會無力、萎縮，不用怕，是正常現象，只要復健、運動，慢慢就會恢復。」

他去上海才三個月，卻有遊子遠行異地多年的感覺。原來的同事，醫師、護士都還在，甚至也遇見自己看診過的動物。院長室，咖啡機還在，手一壓就有咖啡喝。兩片牆的書櫃，依然不整齊的擺著滿滿的書，桌上也是攤著書、雜誌、稿紙。窗外公用地的小園區，雜草上幾棵不知名的灌木矮樹，仍是一副無人打理、自生自滅的模樣。擋不住陽光，至少擋住路人。這是以前唐醫師說的。

他先說明因為若雪在上海受傷而陪著回來，讓唐醫師了解狀況之後，子揚說，希望調任上海一年，即能回台灣。

「你不想繼續留在米格魯？不喜歡上海？」

「也不是。」子揚慎重思考著如何表達。良久，他嗓音低沉說著：「我喜歡若雪。但這次她受傷，我在驚恐、擔憂中，發現對她，除了情感的愛，還萌生出責任，『責任』這兩個字，不太恰當，有點不甘不願卻必須做的意味。」

他又思索一下，「好吧，就算是責任，一種想要守護她一生，和她廝守一輩子的責任。」說完他長吁一口氣。

他敬愛唐仁君，視如良師又如父如兄，可以無顧忌坦露自己心底的情感、祕密、想法等等。

唐仁君深邃又溫暖的眼眸，專注傾聽，凝望著他。五年前吧，他剛從台大獸醫系畢業，新鮮人，頂著台大的光環，有著不知天高地厚的自然傲氣。尤其穿上醫師白袍，更散發出高人一等的神采。

幸好，談了幾次話，發現這年輕人本質善良、質樸，為動物看病，態度溫和耐煩，做事踏實不浮誇。他重視醫德甚於醫術。從此他就手把手的傾囊相授，期能帶出一位優秀的動物醫師。讓他去上海，也是希望藉由取經而更上一層樓。

子揚靦腆說：「明年回台灣，我想和她結婚。」他又說明：「我不願結婚後分開兩地，若雪在台灣教書，不可能跟著我去上海。」

唐醫師綻開笑容：「談到結婚了？她父母同意了？」

子揚搔搔頭：「都還沒提過，是我心裡的打算。」

唐醫師給予衷心的祝福。他心裡喃喃冒出：「諸行無常，因緣變化莫測。」

九月開學第一天，江若雪沒有日間部的課，她仍是早上就到學校。江炳昆自動擔起載送女兒的任務。

她的腳已經不痛，拄著一支拐杖能慢慢行走。一進校門，守衛的老伯看到若雪拄著拐杖，左腿黑色褲管下露出包裹白色石膏的腳掌，趿著深灰色拖鞋一跛一跛的走來。老伯驚嚇的跑到她面前，「江老師，放個暑假，怎麼回來就變樣了？」

「沒事，只是跌倒，骨頭受傷，快好了。」她特地選上課時間進校門，以免引起騷動，忘了第一線的守衛是避不開的。

已至夏末菊月，依然溽熱難當，推開辦公室的門，沁涼的冷氣和熟稔的目光同時迎向她，呂佩瑩見到那根手杖，驀地起身，「妳怎麼啦？」哎，她又要重複說過N次的話。

她開玩笑的對佩瑩說：「我是不是應該對全校廣播，讓所有的老師、學生了解我裹著石膏，拄著拐杖的原因。」佩瑩噗嗤一笑，「好主意，我去跟校長說。」兩位好朋友有聊不盡的話。

下課鐘響，同事一一進來。訓導主任看到若雪，趨前說：「早上接到一通電話，妳班上的學生陳大宏生病，今天不能來上課，應該是家人打來的。」

不知什麼毛病？開學第一天就請假。若雪馬上撥陳大宏手機，響了許久，沒接。找出學生的資料，撥到家裡的座機，久久沒回應。她心裡擔憂，想起平時和陳大宏要好的同學，電話接通，那同學哀傷的口吻回覆：「老師，大宏得了肝癌，現在在榮總。」

若雪愣住了，半晌，她回過神說：「宗民，我想去看大宏。」

沈宗民有車，知道老師一向很關心學生，便說過來載她。

在路上，沈宗民跟她說，陳大宏本來就有B肝，這幾個月常常覺得疲倦，沒有食欲，有時會噁心，腹部上方有時會疼痛。知道是B肝的症狀，他就到藥房買成藥吃。七月放暑假，他家人見他越來越瘦，要他去大醫院看診，榮總一檢查，很快就確定是肝癌，而且已到第四期。

若雪靜靜聽著，蹙眉不語，心痛如絞。腦海裡浮起兩年前開學第一天，他如何為她這位菜鳥老師穩住班上混亂的秩序，也勇於承擔班長的任務。他個性穩重，像大哥般關照同學，必要時也幫她處理同學之間的一些糾紛。有他在，若雪這位女導師省事不少，能專心於教學。

她以前來過榮總，印象中，院外院內種有許多大樹，一片蓊蓊鬱鬱，加上院中白色、灰色的建築，恢宏莊嚴，若非來往穿梭的多為老人、病人，和偶見的白袍身影，可能會以為這是一所有古老歷史的大學。

「老師，來之前我有跟陳太太說老師要來探望大宏。」若雪點頭。她內心惴惴，跟著沈宗民走在病房的走廊。頂上燈光明亮，牆壁是溫暖的杏仁黃色，可清涼的空調就是有一股詭異的氛圍，像霧霾堵在胸口，噎著悶著。忽然身後傳來哀嚎慘叫、痛不可抑的破裂聲，讓人揪心！

陳大宏的床位在裡邊靠窗。「江老師，謝謝您來看大宏，知道您要來，大宏很高興，要我把床頭調高，他說躺著和老師見面，不禮貌。」陳太太樸素清秀的面容，被憂愁疲憊煎熬得顯蒼老。她望向大宏，「剛剛還醒著，又睡著了。」

若雪注視著他，兩個月沒見，怎麼完全變了一個人！寬大的淺藍色病服上，是一張瘦削蠟黃的臉，以前那結實有肉的方臉，跑到哪裡去了？

聽到聲響，大宏睜開眼，眼白泛黃，黑色眼瞳那熟悉的溫厚神情，讓若雪安下心來，是他，沒錯，但也因確認，驀地悲從中來。

「老師，謝謝您。」聲音沒變，雖然有些虛弱。沈宗民拉了一把椅子要若雪坐下來。移動時，陳大宏見到她的拐杖，「老師，您？」「沒事！」沈宗民趕緊說明老師去上海受傷的事。

若雪想紓緩悲愁的氣氛，她輕鬆描述一些上海之行的所見所聞。大宏專注閃耀的眼神，如平常聽課時。約十五分鐘，若雪看到他眼睛漸漸渙散，疲倦的闔上眼。

她起身，大宏馬上睜開眼，他努力提振精神，「我喜歡聽老師上課。」

「那好，以後我再來跟你上課。」

「老師，謝謝您來看我，我以為再也見不到老師了。」他黯然說道，眼角淌下淚水，陳太太忙拿面紙幫他擦拭。

若雪雙手握住他放在棉被外的一隻手，冰涼的、薄薄的皮膚下，她只摸到粗大枯瘦的指節骨，肉跑到哪裡了？

一踏出病房，強忍住的淚水不禁涔涔掛滿面。

回程路上，她說想要每個星期來一次為大宏上課，哪怕只有十分鐘、十五分鐘，他會很高興，而且讓他有個期待。

宗民眼睛一亮，說：「老師，我可以載您過來，就週一，這一天我正好有空檔。」

「太麻煩你了，等我腿的石膏拆掉，走路方便，我可以搭捷運。」

「不會啦，這陣子我也是常來看大宏。」

晚上，夜間部的開學典禮，她沒去參加。上課鐘響，她走進教室，發現講桌移到牆邊，講台上放著一把有靠背的椅子。同學真是貼心，她微微一笑，坐下來，先謝謝他們的體貼。告訴大家陳大宏生病住院、請假，再簡單說明腿跌傷的經過。

暑假結束了，進入新學年，同學升高三，明年這個時候，大家都畢業了。她面對的將是全新的面孔。夜間部的學生大多已在社會工作，為了文憑而來讀書。不過，她相信在學校薰習三年，學問、知識應該有所增長，品格、道德也能提升吧。

下課，若雪走出校門，左右兩邊望一望，沒看到爸爸的車。右側路燈白光下，卻見一輛黑色轎車停著，陸世峰正推開門走出來，迎向拄著拐杖的若雪。兩個月沒見，他的心情從期待轉為驚詫。

聽到她在上海受傷，忙問：「曼妮在上海，她知道嗎？」她點頭，「我們一起出去玩的。」「她怎麼沒有說？」

若雪打斷話題，「待會我爸爸會來載我，你回去吧。」才剛說完，家裡的灰色轎車慢慢駛到。江炳昆也瞧見站在女兒旁邊的陸世峰，他下來打招呼。陸世峰恭敬懇切的說：「江伯伯，若雪腿受傷，以後我載她回家，好嗎？」

「不用啦，太麻煩你了！」

「不會，我的畫廊打烊，我順路過來，不麻煩的。」

江炳昆不知如何回答，「問若雪吧。」他鑽進車裡，若雪也跟著上車。車子從後方岔到馬路，玻璃窗望出去，陸世峰杵在他車旁，失望落寞的眼神望著她，她心覺抱歉，別過頭去。

沉默許久。直到爸爸問她：「他怎麼知道妳腿受傷而要來載妳？」

「他是剛才見到我，才知道我受傷。」若雪覺得有必要讓父親了解，便說六月開始，陸世峰就每晚下課後送她回家，「我沒料到，停了兩個月，九月一開學，他又來了。」

「他晚上載妳回家，妳怎麼都沒說？」江炳昆心想，嚴肅問道：「他在車上沒、沒對妳不禮貌吧？」

「當然沒有，爸，他可是君子呢，在車上都是聊藝術、文學啦。」

「妳喜歡他還是喜歡韓子揚？」

若雪愣了一下，「應該是韓子揚，他只是朋友。」

江炳昆慎重的口吻，「妳告訴陸先生，你已經有男朋友，請他以後不要再來載妳。」

若雪點點頭，「這事也應該跟媽媽說。」「爸，你幫我跟媽媽說吧，好不好？我今天累了！」

早上去榮總，晚上又上課，拖著重重的腿，她已體力不支。再者，為母則嘮叨，為母則多思多慮。父親平時安靜寡言，只在必要時刻，講重點的話。此事就請爸爸幫忙解說了。

盥洗後，精神稍稍恢復，她坐在床上，伸直雙腿，心中琢磨如何跟陸世峰說明？想想還是寫 line：「陸先生，很抱歉，今晚讓你空跑一趟。請你以後不要再來載我。我已經有男朋友，如此不太好。」

放下手機，看看書，臨睡前瞄一眼，他已讀，寫道：「你們論及婚嫁，訂婚了嗎？」她回：「沒有。」他已讀，未回。

她關機，總算了一件事，安心睡覺。

隔天上完課，若雪仍是和佩瑩到附近的自助餐店用午餐。她的腳傷持續復原中，走稍遠的路才須拐杖協助，平常身體的移動，短距離走路，已能行走無礙，石膏快要變成身體的一部分，靠近地上的腳掌石膏已不再雪白，沾上灰撲撲的塵埃，若雪笑說是一隻骯髒的鞋子。

「它變髒了，表示快要可以丟掉了！」佩瑩回道。

「是呀，包在裡面的皮膚發癢，手指頭抓不到，又不能用長棒子伸進去抓癢。只能忍耐，護士說的。」

午休之後，像土裡驚蟄的昆蟲，開始窸窣活動，三聲鐘響，師生又各自歸位。若雪從洗手間出來，站在走廊望一眼炎熱陽光照射的空蕩操場，走回辦公室，見到前面一個高高的身影正踏入，她疑惑，待她走近，心頭一驚，他怎麼追到學校來？見他一派閒適自在的模樣，滿臉笑意的望著她，若雪心中有氣，這人怎麼如此任性，如此不懂規矩！

「陸先生，這裡是學校的辦公室，不能隨便進來的，請你離開。」她儘量保持平和的語氣。

「我不能離開，等一下我要上課。」陸世峰帶著神祕的、賊賊的笑容。

若雪不明所以，僵住了。

「江老師，從今天開始，我們是同事了，請多多指教。」

她更如墮五里霧中。

「若雪，」他溫柔喚一聲，「你們的美術老師羅安莉，是我大學同學，她嫁給日本人，上個月跟先生一道回日本。她辭工作之前，學校請她協助找接任的老師，她在我們同學的群組詢問。學藝術的尤其是專業畫家，喜歡自由，不受拘束，大多不願意當老師，不想受教育體制的束縛，同學們沒意願，我隨便問她在哪個學校，她說三重國光商工，我一聽，是妳的學校，馬上說好，我去。她呀，真是開心極了！第二天就帶我來見校長，談沒多久，校長就聘用我了。」

想到以後能常常見著這溫雅秀麗的佳人，他咧開嘴像小孩子傻傻笑著。見若雪兀自怔怔，他輕聲說：「本來想昨天載妳時告訴妳這個消息，但是妳沒讓我載。」

他又說：「我昨天早上報到，教務主任有向老師們介紹我，那時沒看到妳。報告完畢，我就坐在羅安莉的位置。」陸世峰喜不自勝的把要說的話說完。

「妳不喜歡我當妳同事？」他瞅一眼若雪。

敲下課鐘，她走回自己的座位，心神猶紊亂。

「陸老師，下一堂是你的課，你知道哪間教室嗎？」呂佩瑩揚起銀鈴般清脆的聲音。

「謝謝呂老師，昨天有先勘查場地了。」

佩瑩又熱心的跟若雪介紹這位新來的老師。陸世峰一本正經的說：「江老師，請多多指教。」

若雪心裡暗笑，後來她寫 line 告訴他：「不能讓同事知道我們本來就認識。」發現她面皮薄，陸世峰也配合。用 line 問她：「我下課了，等妳晚上下課，載妳回家，好嗎？」

她回：「不用，你先回去，我爸爸會來接我。」

陸世峰一週有三堂課，排在週二、四、五的下午。他是兼課老師，不是編制教師，上完課就可以離開，但他常早來遲退，沒課時則安靜看書，或和同事交談。教務主任賴老師對他印象頗佳，也常過來寒喧幾句。

他和若雪的辦公桌，中間隔著走道，抬眼就能見到她倩影。一週見三回，沒人時還能靠過去說說話，他於願足矣。

雖是為了若雪而來當老師，但是教學中，把美術知識、美感培養，以及實際的繪畫創作等授予學生，那種分享與互動的感覺，似乎觸動他的心弦。

他真的是「含著金湯匙」出生的。生活在富裕的家庭，衣食無缺，所求滿願。他從小喜歡畫圖，父母也任由他的才華去發揮發展。

在畫廊裡，他接觸的多為有主見又自命不凡的藝術家，和他一樣，各自住在一顆小星球裡，孤獨、不停的彩繪自己心靈的世界，偶然探出頭，彼此說一聲「嗨——」，又縮回去繼續繪圖。

現在，當了老師，一群十六、七歲的男學生、女學生跑進他的星球，不，是把他拉出星球，要他和他們一起玩人世間的彩繪拼圖……年輕人的熱情、活力，似乎喚醒他某些僵冷的細胞。

同事

若雪仍是每週一早上去榮總探望陳大宏，和他說說話，為他講說一、兩首優美又有勵志意味的詩詞，或有趣的短文，如蘇東坡的〈黠鼠賦〉。

陳太太說大宏每到週六、週日，就開始期待老師來上課。

江炳崑帶女兒去醫院，X光片顯示若雪的腳骨斷裂已經癒合，醫師便將石膏拆掉。那一瞬間，若雪第一個念頭是：兩個月沒碰到水的小腿，今天可要好好的大清洗！感覺上這隻小腿變瘦了些，肌肉鬆軟，舉步有些吃力。醫師說是正常現象，多多走路，過一陣子就恢復了。

醫師用強力繃帶包裹腳掌至腳踝的部位，說是傷口剛癒合，仍須護住。回家路上，江炳崑也在醫療器材店幫她買了「護腳踝套」。

灰色海灘上，躺著幾根粗粗的褐色木頭，雪白的雲如花朵般悠閒徜徉著。一波波的白浪嘩喇喇滾到沙灘，又滾來一根木頭。四、五位穿著無袖白色內衣和短褲的男孩，赤著腳開懷的在沙灘奔跑，時而跳上木頭，雙手平舉，如走獨木橋。

不久，男孩們玩得盡興，蹦蹦跳跳的跑回家。金黃色的光又隨意潑灑，粉紅、粉橘的雲彩在空中飄逸飛舞。她正欣賞著，突然海濤聲沒了，大海、沙灘、木頭也都不見了，變成一片平野。有一位男士遠遠向她走來，身著西裝，來到她面前，先是恭敬的雙手合十，接著微笑揮揮手即轉身往美麗的霞光行去。

她猛然驚醒，原來是一場夢！伸手抓枕邊的小鬧鐘，四點二十八分，窗外還一片黑，還早，她又闔眼睡去。鬧鐘響時，感覺才睡沒多久，怎麼已經六點半，日頭白光如往昔溫和穿透米色薄紗窗簾。

今天週六，她想賴床。腦海憶起那場夢，悚然一驚，坐起身子，向她揮手的那位男士，臉孔依稀是大宏！他來告別？

她有些驚慌失措，下床，梳洗，跑下樓。

「今天休假，怎麼不多睡點？」琇玲正準備早餐，望她一眼。

「媽——」若雪聲音顫抖。

「怎麼啦？身體不舒服？」琇玲緊張的看著臉色慘白的女兒。

「我身體沒事。」若雪把夢見大宏來向她告別的事告訴媽媽。

她擔心大宏是不是往生？雖然他已癌症第四期，大家已有心裡準備，但這一刻到來，仍不免愴然，再者，大宏真的來托夢告知？她希望只是一場無稽、虛假的夢！

她想問沈宗民，又怕時間太早。媽媽要她先吃飯。江家的早餐偏西式，一盤荷包蛋、一盤青菜、麵包、咖啡、鮮奶和一盤水果，簡單又有營養。

近八點，若雪撥電話給沈宗民，一接通，宗民沉重的聲音說：

「老師，我正想告訴妳，怕時間太早，不敢吵妳，等到現在。老師，大宏走了。」

她顫聲問道：「幾點走的？」

「陳太太說凌晨四點二十幾分。」

若雪渾身顫抖，她沉默好久。電話那頭，沈宗民在叫她。

「宗民，你可以來載我嗎？我想去看他。」

車子駛至榮總，他們直接到地下室的往生室。大宏身上蓋著白布單，陳太太和兩個孩子面容哀傷，安靜的坐在兩旁。念佛機播放的阿彌陀佛佛號，輕緩迴盪。

若雪知道他們不習慣念佛，上次來買了念佛機，告訴他們要跟著誦念，回向給丈夫、父親，能往生西方淨土。並說明八小時內遺體不動，不能在旁邊哭泣。這些都是以前在西淨寺，聽法師們叮嚀的。

她和宗民也跟著念佛。她望著陳大宏，病後瘦削蠟黃的臉孔，常不自覺的皺眉、抽搐，現在不再受病痛的煎熬，變得平和，好似放鬆安詳的睡著。

離開時，陳太太送她到門口，若雪告訴她大宏來夢中告別的事，「妳放心，他穿著西裝，身體健壯，精神抖擻的去一個光明的淨土呢。」

是的，雖然捨不得，但見他解脫病痛之苦，未嘗不是好事。若雪安慰她，腦中浮起夢境開頭，男孩們在沙灘、木頭間玩耍的事。

陳太太聽了，睜大眼睛說道：「那是大宏小時候！他家開木材工廠，他說木頭送到時，他和鄰居的小孩常跟著跑去海邊玩。他跟老師說過這件事嗎？」

「沒有。」若雪搖頭。

「真是不可思議！他只在剛結婚不久，跟我說過一兩次，我後來都忘記了。他小時候的經歷，怎麼跑進老師妳的夢裡？」

若雪也錯愕不明所以，無法解釋。

告別式那天，班上大部分同學都去哀悼，訓導主任代表校方前往，林老師、呂佩瑩和大宏熟識也想去，佩瑩商請陸世峰開車，他一口答應。

告別式禮堂莊嚴肅穆，前面案桌上，供菜、供果、香燭、鮮花，雅致鋪擺著，陳大宏的遺照掛在正上方。若雪一看又愣住了，夢裡的大宏就是穿著這件鐵灰色西裝，也是方面大耳、端正良善的面容。她激動得掉下眼淚，大宏是自己打點好，過來和她道別的！

回程路上，她忍不住說出大宏往生那晚的夢境。車上三人嘖嘖稱奇。

佩瑩說：「陸老師，你不知道若雪老師有多慈悲，她像觀世音菩薩一樣照顧她的學生，同學們都很敬愛她呢！」

林老師接著說，她是以柔克剛，「夜間部的學生難帶，三教九流都有。有一次學生在外面打架，鬧到警察局，她氣極了！氣到在課堂邊教訓邊哭。從此班上同學就互相約束，要學好，不能讓老師生氣。」

若雪害臊，忙道：「不要談了，多丟臉啊！」

陸世峰從後視鏡深深望一眼若雪。

佩瑩覺得若雪對新來的老師太冷淡，也認為兩人頗登對，常有心湊合。事後，找一天，她告訴佩瑩，她已經有男朋友。佩瑩很吃驚！「怎麼會？妳不是要出家嗎？」她曾帶佩瑩去西淨寺，知道住持是她阿姨，盼著她接棒。佩瑩不贊成也不忍心。又問：「他叫什麼名字？人在哪裡？做什麼事？」連環炮一串問題，希望她答不出來，戳破她謊言。

「他叫韓子揚，現在人在上海，是動物醫師。」若雪感謝好友的關心，訕訕回道。

「真的有這個人。」佩瑩失落，喃喃嘀咕。

「確實，交男朋友、結婚、生小孩，不在我的生涯規劃中。爸媽不贊成我出家，但我心中是有些嚮往的。尤其去光明寺參加短期出家，了解出家的生活和意義、責任，我覺得自己很適合也願意走這條路。」

她沉思半晌，「原本只是放不下父母，誰知又多了韓子揚的牽掛。」

「他對妳好嗎？」

「很好。剛開始我不太理睬他，是今年才逐漸篤定吧。」若雪回憶起他如何走進江家，如何擄獲媽媽妹妹的心，還有帶她去台中見他父母……哎呀，現在有點騎虎難下了。

「那好，妳不會出家了！」樂天的佩瑩開心地笑起來。

望著好友溫暖甜美的臉蛋，若雪心生一念，「陸世峰人品不錯，又有才華，佩瑩，你們可以交往哦。」

「哈哈，我們不是同一類型。」

「互補呀！」

暮秋，涼涼的。教室偶有學生回應聲、齊念書聲，突然一陣歌聲傳來，仔細聽，是英文歌曲，是熟悉的《真善美》電影中，茱莉安德魯斯帶著一群孩子開懷演唱的主題曲。陸世峰側頭傾聽，疑惑望著若雪。

她笑一笑，「那是佩瑩老師，她教英文，喜歡教學生唱英文歌曲，她有一副好歌喉。」五十多年前的老歌，歡樂雀躍的音律，現在聽來還是讓人心花綻放！

「佩瑩是我來國光交到的第一位好朋友，她很善良、熱心，個性又天真可愛。」若雪有意無意說著，「她就坐在你隔壁，有什麼事都可以找她。」

陸世峰頷首微笑，不語。

國光商工是老學校了，有些建築正陸續整修中。校門口兩旁的圍牆，已煥然一新，一片片的磨石子牆面雕刻不同圖案，有著朝氣蓬勃的新氣象。

這天，挖土機、吊車等工程車停在圈住大操場後方的圍牆旁，灰色老土牆等著被拆卸、重建。陸世峰遠遠望著，突然有個念頭，他跑去找校長，建議新建的圍牆，由他帶著學生來彩繪美化。他說出心中的計畫：

「我和另外兩位美術老師討論彩繪的內容，呈給校長確定後，挑選各班級繪圖能力優秀的同學，老師帶著他們一起作畫。」

他又感性說道：「除了美化校園，讓師生有參與感，會產生對學校的認同感情，甚至畢業後回到學校，還可以指著牆壁跟別人說，這些圖就是當年我們畫的。」他面露爽直天真的笑容。

校長注視這位新來不到三個月的美術老師，起初有點錯愕，幸得他心胸寬大，不以為忤。思考一會，緩緩說：「這個點子不錯，你們可以討論如何進行。」

陸世峰和兩位老師提及，他們也是遲疑片刻才答應投入。三人幾番討論，確定內容方向：學校有八個科系，每一科系一張圖，科系的主題圖之外，可加入柔性的相關小圖。例如：最容易表現的餐飲服務科，主題圖可以畫一位戴白色高帽的廚師，端著他剛出爐的菜肴；觀光事業科，有遊輪、有飛機；電機科，畫空調機、馬達、水電相關機械……

老師們在課堂上宣布，並號召有興趣的同學參加，當然也私下指定一些平時繪畫作品優秀的同學。此事很快就變成學校的熱門話題，似乎比戶外教學、歲末聯誼會的活動更讓同學們興奮。

從八科系裡各選出兩三位同學，參與「愛我學校，畫我科系」的繪圖計畫，由老師作畫，當然又快又好，但是他們希望繪者是學生。因此，第一次會議，向同學說明設計理念、繪圖方向之後，即讓各組先自行畫草圖。學生所繪，修改是必然的。

等築牆工程完成，所有圖案也修改定稿。再等兩三週，水泥牆完全乾燥後，先塗上米色底漆，老師再將畫稿投影放大到牆面，教同學用粉筆依之描線條，著色則採用不怕日晒雨淋的專用水性壓克力水泥漆。同學們拿著大刷子、小刷子，塗上黃、藍、紅、灰、綠等不同色彩的顏料。看著腦裡構思的圖畫逐步完成，他們心中有著無法言喻的悸動和感動。

主題圖完成，有些同學覺得畫面不夠活潑、不夠美麗，徵得老師的同意和建議，或畫上一朵花、幾株小草，或一隻小鳥、小瓢蟲、香蕉、蘋果等等。

將近兩個月，利用自修課，或放學後的時間，一群同學和三位老師，在操場後的圍牆前，提著油漆，拿著刷子，行走、移動，或站、或蹲、或坐的畫面，成了參與者這一生難忘的記憶。這個畫面，也烙印在許多師生的腦海中。

這片牆，成了國光商工最美麗的風景。

在讚歎聲中，不經意冒出微弱卻刺耳的嘎吱聲音。從財務處傳出，這筆顏料費用，不在預算之內，是為了圖利他同學才塗牆吧？

耳語也擴散到其他老師耳邊。佩瑩聽到，首先發飆：「講得那麼難聽，沒看到這兩個月，三位老師和同學們的辛苦付出啊？」

「學校凡採購物品，都必須有三家廠商比價，這是規定的流程。」

「新來的老師不知道啦。」

不久，陸世峰也聽到了。

「陸老師，別理他們，我們站在你這邊！」佩瑩俠義相挺。

陸世峰站在辦公桌前，眉頭皺一下，環視在場的幾位同事，迎上若雪關心的目光，他微微一笑。

「謝謝！」回應呂佩瑩，也是向大家解釋：「跟我同學買顏料，是他會算我便宜。不過，沒有先跑比價的流程，是我的疏忽。」

「我去跟財務說，這筆款項就我來支付好了。」他神色平和，從容的往外走。

佩瑩拉住他胳膊，「怎麼可以？費心出力，又要你出錢，不合理！」

「還好啦。」他沒停下腳步。打算仗義直言的佩瑩只好跟著走。

半小時後，他們回到辦公室，她急忙告知：「發票已經寄來，不好退回。正好碰見校長，他說這項工程是他同意的，怎能讓陸老師出錢呢。校長還稱讚這面牆畫得很漂亮呢！」

牆面彩繪落幕。從一開始如火如荼的進行，到最後的金錢插曲，江若雪發現陸世峰總是一派的氣定神閒。帶著同學集體創作，看似為大眾、為學校，卻又如他不經意完成的個人作品。

見不得人好，是變態或是人心的常態？不管因為嫉妒、酸葡萄心理而湧出的冷嘲熱諷，甚至以金錢圖利他人的誣衊，這一切，他似乎都不掛心。

若雪靜靜的觀察，她寫 line 安慰，說他辛苦了。

他回道：「毀譽無憑隨他去。謗之，讚之，如影隨形。」

若雪看了，莞爾一笑，忘了，這人的思想老莊。

揚州

天涼好個秋，雲淡風輕的十一月，一艘艘有著金黃色頂蓋、正紅柱子、深藍船體的遊艇，在墨綠湖面上悠悠行駛。水道兩旁是綿亙的蒼翠樹林，時而瞧見古色古香的亭子，和來往行走的遊客，最讓人醉心難忘的自是岸邊處處可見、姿態優雅的垂垂楊柳。

高華和陸曼妮跟十來位遊客同船。身著紅色唐裝的船娘，是一位清秀佳人，她首先以柔軟甜美的聲音說，來揚州一定要到瘦西湖，這是國家級風景名勝區，接著講它的歷史沿革、文化特色，以及政治地位。

她燦爛笑道：「清朝的康熙、乾隆兩位皇帝，有六次南巡到揚州，來了，必定會坐船遊瘦西湖，悠閒享受這裡的美景。」

曼妮望她一眼，心想：真的？假的？

船娘也早留意這位穿著打扮摩登的女士。她殷勤說著：「這位漂亮的姑娘，請問妳從哪裡來呀？」

被讚美，曼妮心花怒放，嬌聲回：「台灣。」

船娘笑盈盈說：「遠道而來的寶島姑娘，歡迎妳來揚州！」

放眼望去，湖上四、五艘遊艇，南來北往交錯，划過水面漾起優美波紋與薄薄霧氣，宛如人間仙境。

「瘦西湖最美、最有名的景點，就是五亭橋。」船娘手指前方，一座厚重的石拱橋上面，有五座涼亭，醒目的金黃頂瓦，飛簷翹角，極具江南之秀美。快靠近時，能見到亭中走動的人影。遊艇穿過橋下，船艙有人還回頭往上揮揮手，不知橋上亭內，是否有人瞧見？

來到一座不起眼的灰白色拱橋，橋上有許多行人。船停下來，盡責的船娘熱情介紹：「除了皇帝，自古以來，許多藝術家、文學家都喜歡揚州，為揚州留下不少作品，例如李白的『故人西辭黃鶴樓，煙花三月下揚州。孤帆遠影碧空盡，唯見長江天際流。』」

頓一下，她又說：「有位杜牧，聽過吧，他也是唐朝的詩人，在揚州住了十年，寫了好多首和揚州相關的詩，其中有一首：『青山隱隱水迢迢，秋盡江南草未凋，二十四橋明月夜，玉人何處教吹簫？』二十四橋指的就是這座橋！」

一片譁然聲，「才一座橋，哪有二十四橋？」

有備而來的船娘侃侃說道：「這二十四嘛，有幾種不同說法，依照這首詩的意思，是有二十四位美女一起在橋上吹簫，所以叫二十四橋。」

一座有歷史，充滿各種想像的美麗古橋，因此成了瘦西湖上的重要景點。

離開瘦西湖，高華帶曼妮到吃喝玩樂兼具的「京華城全生活廣場」參觀和用午餐。

高華的父母想見見兒子口中的台灣女朋友，他幾次邀請，曼妮總不願意，這次以到揚州玩玩，順便和他父母見面為由，她才勉強答應。

高華的父親是公務員剛退休，家境中等，在大廈裡有一套房子，夫妻、一個兒子，加上近八十歲的母親，倒是住得闊綽有餘。

昨天下午，他倆從上海虹橋搭火車，兩個多小時到揚州已是黃昏。對人一向頤指氣使、被驕縱慣的曼妮，走進高家之前，竟莫名的有些膽怯。推開門，即聽到高華母親熱切叫著：「曼妮，歡迎妳來！」熱情的笑聲，讓她心情稍稍平靜下來，「高媽媽」、「高爸爸」問候之後，遞上在上海買的禮盒，大家在客廳坐下來。

曼妮心想：同樣是大廈裡的一層樓面，面積沒有台灣自家房子大，裝潢、設備也沒家裡豪華，不過整體還算寬敞、乾淨。

高華的母親曾在百貨公司的服裝專櫃任職，她一見曼妮的衣著打扮，即知她是有錢人家的女兒。心裡暗道：兒子要侍候她可不容易啊！

這時，「小華回來了？」蒼老卻溫潤的聲音，高華馬上跑過去，「奶奶，我回來了！」邊親熱摟著嬌小的身軀走過來，他父親也站起來，母親則走往廚房。

曼妮見狀也起身，恭敬的叫聲奶奶，高華向奶奶介紹，說是他女朋友。奶奶緊拉著曼妮的手，要她坐在身旁。奶奶盯著曼妮的臉瞧了幾秒，欣喜說道：

「好靚美的姑娘！」

如同一般老人，她花白的頭髮在後腦勺紮個圓髻，布滿皺紋的臉龐，有著白裡泛紅的好氣色，眼睛清亮，笑容和藹。她的話語像暖流淌入曼妮心坎，令她不自覺生起好感。吃飯時，她也堅持曼妮坐在她旁邊，不停的幫著挾菜。

曼妮頭一遭感受到被外人真心對待、真心喜愛的溫暖。

在家裡，爸媽當然是愛她寵她，小時候不懂，長大後逐漸理解，那是一種霸氣的愛，一種以物質來填滿的寵。三十年來她已習慣，父母的身行，也自然的烙印在她身上。

揚州之行，令她印象最深刻的竟然是高奶奶。

回到上海，高華再度提起結婚之事，曼妮猶豫著。

曾經，談話中高華提到他不會一直待在米格魯，他的心願是自己開一家動物醫院。當時他還說上海物價高，競爭厲害，他打算回家鄉在揚州開業。曼妮問他有錢嗎？他說工作幾年，有一些存款，當然不夠，需要貸款。

她曾帶高華到大哥的公司參觀，也和大哥大嫂一道用餐。他們對高華的評價不錯，說他穩重，是肯上進的青年。

曼妮的猶豫是：高華是真愛她？或是愛她的錢？原本只是交朋友，陪著玩玩，現在面對他的殷勤、求婚，她不禁苦惱了！

找一天，她請教大嫂，佳蓉聽完，定定望著這位容貌出色又任性的小姑，問她：「妳愛他嗎？」

曼妮一下子愣住了，欲開口，心又想：我愛他嗎？真的愛他嗎？他殷勤追求，長得帥，喜歡他伴在身邊，這是愛嗎？

在她遲疑之際，佳蓉長長吁口氣，說到：「過去，是有男人娶了富家女子，得到錢之後，就喜新厭舊，移情別戀。不過，時代不一樣，對錢的處理也多元，有些事可以事先預防。」

見曼妮不明白的表情，她直接說：「高華想要創業，不用給他一筆錢，而是妳投資，成為股東，錢還是在妳手上。妳不只是院長夫人，還掌控經濟大權呢！這樣他就不敢搞怪，會完全聽妳的。」

「大嫂，妳也是如此？」曼妮問。

「我？」佳蓉失笑，「我們的情況不同。我娘家經濟本來就不錯，當然比不上你們陸家。還有，我是女生，不需要事業，嫁雞隨雞，把家顧好，把孩子帶好，所有的花費，你大哥都會給我。」

有錢人家娶妻子，似乎比有錢人家嫁丈夫，來得單純、容易。

兒子午睡醒來，細嫩的聲音喊著「媽咪——」佳蓉起身，曼妮也離開客廳，走回房間。

她坐在白色梳妝台前，望著圓形大鏡子裡的自己，容貌姣好，卻蹙著眉頭。她心中琢磨著大嫂問的「妳愛他嗎？」

中學荳蔻年華之際，異性的矚目，開始在她的少女心懷漾起一波波漣漪。憶起始於十五、六歲懵懂的初戀，到來上海之前，曾正式伴在身邊的四位男士。

A，正直、聰明、腳踏實地，謹守儒家非禮不視、不做的道德，是行事光明磊落、胸懷坦蕩的正人君子，更可貴的是用情專一。

B，溫柔體貼，熱情浪漫。即因多情，不免「泛愛眾」，對女性多了憐香惜玉的關懷；女性緣佳，雖讓伴侶多少有不安全感，但也不會踰矩。

C，極端兩極化的性格。於工作職場用心機、勾心鬥角、與人算計；對所愛之人傾其全心寵愛，無微不至的體貼關照。性多疑、善妒、易瞋，有著為了守住所愛，不惜玉石俱焚的烈性。

到前一任的吳振東，他用情深又豪邁，心思細膩、幽默、善體人意。四位男士，從一開始和她認識、交往，即傾心付出，全心守護，無旁鶩、不離不棄的愛著她。

世間常是「多情女子負心郎」，變心、拋棄者大都是男性。她卻將四位摯愛她的男士一一拋棄，留給他們終生難忘的痛苦傷痕！跨海來到大陸，韓子揚不接受她而倖免於難。高華卻自投羅網，我愛他嗎？我要嫁給他而終結這一生的羅曼史？

佳蓉這一問，她細細思索。

終於，她似乎明白自己實非有情者，不只對人，對動物、對植物亦如此，真心愛惜的付出，只有幾分熱度，漸漸就冷卻下來，無法有始有終，一以貫之。是了，「有始有終，一以貫之」，是她細胞裡缺少的。

週末早上，九點剛過，曼妮素顏走出房間，見大哥大嫂已在餐桌吃飯。

「咦——今天不是放假嗎，大哥怎麼那麼早起？」

陸世雄抬頭看她一眼，說：「爸媽昨晚來上海了，待會兒去看他們，妳趕緊吃飯吧！」

曼妮很吃驚，「啊，怎麼不聲不響的就來了，也沒事先告知！」她神情納罕，坐下來吃幾片蘋果、喝杯咖啡牛奶，再回房換上外出衣服，略施脂粉，即跳上大哥的車。

假日沒塞車，十來分鐘就來到延安西路陸朝森的住處。位在大廈十六樓的房子，大小、格局、設備，和陸世雄的房子相仿，當初兩棟屋子購買、裝潢的時間差不多。

夫妻倆輪流抱抱小孫子，耳裡邊聽著曼妮撒嬌帶嗔的抱怨：「爸爸媽媽怎麼突然跑來了，也不跟我說一聲！」

「喔——還要跟妳報備啊？」李美月嘀咕。

「是哦，忘了跟我們的公主報備，」陸朝森哈哈大笑：「我想念我的寶貝女兒，就迫不及待跑來了！寶貝，妳那麼久沒回家，有想爸爸媽嗎？」

曼妮被逗笑了，開心點點頭。

大家在客廳沙發坐下來，佳蓉要上海阿姨端茶水和點心，便留在廚房一起準備午餐。

陸朝森問曼妮這幾個月在上海的生活情況，去哪些地方玩？她輕描淡寫：「就走走、玩玩唄！」

明確說來，這陣子她的生活就是「吃喝玩樂」四個字。

「我認識了一位好朋友。」曼妮接著說：「她是這裡一家動物醫院的院長夫人，他們是台灣人，我和院長夫人有時候一起吃飯，去看電影，到附近景點走走。」

陸朝森問：「在追求妳的，是這家醫院的醫生？」

「爸，你怎麼知道？大哥告訴你的？」曼妮睜大眼睛問道。

「大哥、大嫂有責任照顧妳的。」怕曼妮責怪，李美月幫腔。

陸世雄說：「曼妮帶高醫師來過公司，只匆匆講過幾句話，我覺得是不錯的青年。」

「妳大哥說他不錯，所以我和妳媽媽就來瞧瞧。」陸朝森接續道。

曼妮聽了，為之色變，扁一扁嘴，「原來你們來上海，不是來看女兒，是、是來挑選女、女……」

陸朝森哈哈大笑：「看女兒，順便挑選女婿，沒錯！」

媽媽附和著：「曼妮，妳也三十歲了，不能光只是交男朋友，要考慮終身大事呢！」

爸爸補一句：「誰能配上我女兒呢？我倒要瞧瞧。」

陸世雄要曼妮打電話約高華一起吃晚餐。他要訂餐館，陸朝森說在家裡吃吧，比較輕鬆自在。

高華一顆心七上八下，曼妮沒替他緊張。

下午休假，他上街買伴手禮。在有名的糕餅店買了一盒有紅豆糕、芝麻糕等等的綜合糕點，又想不知曼妮父母吃得慣傳統糕點嗎？便再買一盒中西結合的「蝴蝶酥」。

高華坐上出租車，依地址來到延安西路的一棟大廈，進入電梯，按十六樓，望著鏡子裡的自己，頭髮整齊，衣服乾淨筆挺，還好。走出電梯，找到房號門，他深呼吸，待心情平穩，伸手按門鈴，曼妮開門，兩人目光交會，神情有些不自然。帶他往裡走，陸世雄正站在客廳前，他見過高華，兩人握手寒暄幾句。

李美月在沙發坐著，曼妮喊聲：「媽媽——」，她懶懶起身，高華趨前，畢恭畢敬說：「伯母好，我是高華。」並雙手奉上禮盒，「一點點東西，不成敬意。」

李美月雙眼打量：筆挺的白襯衫，套著深藍色西裝衣褲，長身玉立，神色俊朗，而且有禮貌，她頓時心生好感。

一會兒，在落地窗前拿著手機講話的陸朝森轉身走來，高華馬上感覺到一個大企業家的凜然威德與氣勢，他穩住心，鞠躬後握住陸朝森伸出的手，厚實有力，一如他身軀所負荷如高山般的事業體。

佳蓉詢問婆婆，飯菜準備好了，要不要先用餐？李美月望一望陸朝森，他點頭：「我們邊吃飯邊聊吧。」佳蓉不擅烹飪，對家中阿姨的廚藝也不放心，所以她向餐館訂了一桌菜，自己只有煮白飯、切水果。

婆婆交代公公有三高，食物要清淡，因此她點了蔬菜捲、清蒸鱈魚、菌菇豆腐煲、炒三鮮、絲瓜杏仁湯……色香味俱全，也頗豐盛。

陸朝森在主位坐下，美月坐右邊，小孫子爬上她旁邊椅子，佳蓉只好挨著坐，陸世雄坐父親左邊，並拉著高華坐下來，曼妮自然靠著坐，於是形成男生一邊、女生一邊的畫面，也讓陸朝森夫婦可以端詳著高華。

開動後，陸世雄第一次幫高華挾菜，接著告訴他自己來。高華起初有些拘謹，隨著談話慢慢放鬆下來。李美月問他為什麼選擇當動物醫師？他說小時候家裡養了一隻狗，有一次小狗跑出去玩，在馬路上被車子輾斷一條腿，他和爸爸帶他去動物醫院，醫師為牠動手術、接骨，一個多月後痊癒了。他很高興，也才知道原來動物也需要看醫生，動物醫生很重要。因此，考大學時便選了這個科系，立志當動物的醫生。

佳蓉把高華帶來的糕點擺在碟上，當作飯後甜點，再泡壺茶，大家移到沙發繼續談話。陸朝森問高華家裡狀況，高華回答之後，說：「上週我還帶曼妮回揚州，我父母親很喜歡她呢。」

在場的人都眼神驚訝的投向曼妮，李美月哦了一聲，「妳怎麼沒說？」

「還來不及說嘛，」她嬌聲回道：「他的奶奶很慈祥、很可愛！」她露出笑容，腦海浮現一張笑咪咪的慈藹臉孔。

陸朝森夫婦對高華印象不錯，卻不提結婚之事。只說再等一陣子吧，到底他們交往還不到半年，曼妮鬆了一口氣。

察覺自己情感之不穩定性，她似乎變得膽怯了。

第七章

人間借路行

護生

庭院響著大剪刀修剪花木的喀嚓喀嚓聲，殿堂走廊，長條桌上排列著一顆顆寫著金黃色「平安燈」的紅色燈籠。兩組掛燈人員，女生遞燈籠，男生站在高架梯上掛燈籠。燈籠之間相隔的距離須同等，垂掛的高度也須整齊一致。

若雪墊腳尖將手中的燈籠遞給梯上的韓子揚，邊說著「小心！」子揚點頭微笑。

「唵—嘛—呢—叭—彌—吽」六字大明咒的優美梵音在空中迴繞。學校放寒假，韓子揚也從上海回台灣過年。

若雪帶他到西淨寺，大殿禮佛之後，才跨出大門就被逮住。

「若雪，怎麼那麼久沒來？」本度法師問道，疑惑瞧著她身旁的男生。

前些日子，惠守法師已聽琇玲說若雪有了男朋友，所以在客堂見到韓子揚，他不吃驚，只是注視著，體格健朗，長相端正英俊，一雙眼睛清澈明亮，看來是位質樸穩重的青年。

這兩天歲末大掃除，大寮煮了一大桶的「黑糖薑母茶」，本賢、本度兩位法師，端了一壺過來，頓時整個客堂氤氳著香甜濃郁的熱氣。若雪雙手捂著瓷杯，冰冷的手慢慢暖和，啜一口，甜膩又辛辣的暖流從喉嚨竄到胃裡，舒服極了！坐在旁邊的子揚也直說好喝。

談話中，本賢法師說三個月前，先後跑來一隻流浪貓、一隻流浪狗。「因為冬天到了，師父擔心牠們在外面凍壞，就收留牠們，沒想那隻母狗已經懷孕，一個月後生下兩隻小狗。」

惠守法師有些無奈，苦笑說：「佛門是不贊成養動物的，當時一念慈悲，不忍心驅趕，現在又多了兩隻小小狗，真不知如何是好？」

「師父，就養吧，那兩隻小狗好可愛喔！」本度法師爽朗的大嗓門：「還有，人家說貓狗是冤家，不能在一起，我們這隻小貓都跟牠們玩在一起呢！」

聽著聽著，韓子揚不離本行：「有去打疫苗嗎？」

他們愣了一下，搖搖頭說沒有。子揚寫了諾奇的地址、電話，並說打疫苗或以後牠們的身體問題，都可以帶去諾奇。

外面傳來人群走動、交談聲，推車在地上滾輪的喀嚓喀嚓聲，繁忙中洋溢著年節將近的熱鬧喜氣。

惠守法師問韓子揚，會不會懼高？他爽快答道：「不會啊，我常爬高山。」高個兒，又不懼高，很適合掛燈籠。於是他倆脫下外套，參與春節的布置。

用完午齋，他們四處閒逛，若雪一邊講述她自小在西淨寺行走、玩耍的點點滴滴。走在大殿後方，午後暖陽灑進樹林，啾啾、嘰嘰……甚至如吹口哨、有長短旋律的各種鳥鳴聲，此起彼落，好不熱鬧！

圍牆前、菜園旁邊的水泥地上，多了兩座小木屋。稍大木屋的拱形洞口，兩隻黃白毛摻雜的小狗趴著，見到他們靠近，也不怕生，邁著短短的腿，搖晃著小尾巴走出來。圓圓的小臉，鑲嵌著兩顆彈珠般的黑眼睛和圓圓的黑鼻頭，煞是可愛。

子揚彎下腰，一手一隻抱在懷裡，若雪喊著：「我也要！」

他笑著把一隻放她雙手，她興奮又溫柔的輕撫小狗的頭，搔搔牠頸部，小狗舒適閉上眼。子揚說：「這兩隻小狗應該才剛剛斷奶。」

突然身旁響起低低的狺狺聲，狗媽媽不知從何處跑出來，他們只好放下小狗。本度法師也走出菜園，摸摸狗媽媽的頭，安撫牠：「沒事，他們是自己人，不用擔心。」

狗媽媽好像聽得懂，搖搖尾巴，把孩子趕回木屋裡。

若雪一轉身，瞧見一隻橙黃色虎斑貓優雅蹲坐綠色菜園裡，靜定的凝視他們。牠注視這一幕有多久了？若雪走到牠身旁，牠不像一般貓咪見到陌生人就逃開，任若雪抱著，享受被撫摸、被搔癢之樂，喉嚨發出咕嚕咕嚕的滿足聲，還伸出舌頭刮舔若雪的手，被砂紙磨過的粗糙觸覺，和白點舔她時一樣，她忍俊不禁，噗哧笑起來。

子揚問：「牠們吃什麼？飼料嗎？」

本度疑惑的眼神：「什麼飼料？都嘛我們吃什麼，牠們就吃什麼。」

沒錯，以前的人養狗養貓不會花錢另外買飼料的，子揚心想。

「不過，狗是雜食動物，還可以。貓是肉食動物，寺院全吃素，牠願意嗎？」
「飯拌素鬆、滷汁、豆乾，他會吃。」一本度輕敲牠的頭：「牠呀，有時會自己去打野食，是不是？」

小貓看他一眼又瞇起眼睛。西淨寺裡外種植不少樹木，是小鳥、松鼠及眾多昆蟲的天堂。現在一隻貓進駐，似乎有些「鳥飛鼠跳」的怵惕氣氛。

本度說：「我還教訓牠，就是前輩子殺生、做壞事，這一生才會淪為動物。現在好不容易來到佛門，還不懺悔改過，還要繼續殺生嗎？」

望著他一本正經的表情，若雪心底暗笑：「牠聽得懂嗎？」

「一次聽不懂，兩次、三次……多次薰習，總會明白改過吧！」

子揚中肯的講兩句：「貓是天生的狩獵高手。大自然自有它的食物鏈。」

若雪回憶起去年七月，她在光明寺的事。短期出家結束，捨戒後，她有著失落不捨之情。站在三樓寮房的外走道，天空澄淨水藍，銀白色的陽光，不刺眼卻悶熱。

她隨意眺望，目光掃到大雄寶殿橘黃色屋簷，驀地，她呆住了！

剛住進來的前幾天，走出寮房，下樓梯前，她會望一眼大殿右後方那一大片綠油油的茂密樹叢。怎麼才過一天，頂多兩天，突然之間，摧枯拉朽，變成滿地灰褐乾燥的枯枝枯葉！好似繁華的城市，瞬間化為廢墟，這一幕讓她悚然心驚！

她前往探究，樹叢旁的工地，停著一輛大卡車、一台推土機，有位法師和工程人員講完話正要離開。待他走近時，若雪認出是短期出家時教授「禪宗史」的法師。

她叫聲「師父」，他轉頭，高瘦的身軀，晒成棕紅色的酷酷臉有點疲倦，聽到聲音，表情嚴肅望著她：「有事嗎？」

若雪指著眼前已大半荒蕪的土地，說出心中的疑惑。

知道她來參加短期出家，法師說這些是荔枝樹，問她：「前幾天，過堂時有吃到荔枝吧？」若雪說有。

「採收後的樹，必須『落枝』，就是把樹枝砍掉，樹被侵犯，它會更用力的生長，這是經濟作物的手法。」

法師沉吟半晌，又道：「另外，玉蘭花開花前，花農會用力砍樹幹，增加開花數量。沉香木呢，有人會用燒紅的鐵絲穿透樹幹。」

「總之，對植物來說，苦難是成就的資糧。」法師結語。

若雪心想：「是人類的成就吧？」

她想起以前曾看過一本書，《植物的祕密生命》吧，裡面寫到植物有感情，也有喜怒哀樂。

於是她說這些樹被砍了，先用：「馬上枯竭腐壞給你們看！不給你們美好的綠色景觀！」來報復人類的砍伐；當然這是我一廂情願的想法。接下來，它們會相互勉勵，再奮起飛揚。

法師沒有反駁，理解說道：「一般而言，植物有生命，但沒有感官知覺。妳站在植物的立場，也沒錯。」

宇宙大地，自然生態，何其廣袤，何其深奧。

這時，一對母子走來，約小學五、六年級的男孩，手掌捧著躺在衛生紙上的一隻小鳥。他說：「師父，這隻小鳥死了，怎麼辦？」

媽媽補充說：「我們要上來走廊時，在樓梯看到這隻小鳥，可能是熱死了。」

法師眼神變得溫柔，看牠頭上羽毛有黃、紅、藍等色彩，說這是「五色鳥」。

陽光熾熱，法師帶他們走回廊簷下，他鄭重對那母子說：「這隻小鳥死了，我們把牠埋到土裡，埋葬之前，我們來為牠念〈往生咒〉、念佛號。」〈往生咒〉，母子不會念，若雪熟練地跟著法師誦，念「南無阿彌陀佛」時，母子一起念，走廊的信徒、遊客，聞聲也過來齊聲誦念。

然後，法師為牠三皈依：「皈依佛，兩足尊；皈依法，離欲尊；皈依僧，眾中尊。皈依佛竟，皈依法竟，皈依僧竟。」

最後法師跟小鳥說：「大家念佛，回向給你，也為你皈依了，祈願你脫離畜生道之後，能夠早日往生善道。」

短短十分鐘的超薦佛事結束，法師帶三人一鳥走回樹叢。

他對小男孩說：「你選一棵樹，我們把小鳥埋在樹下。」

小男孩東西張望，指著樹枝猶掛著綠葉的一棵樹。他們小心踏過地上乾涸的枯枝枯葉，法師一時找不到鏟子，只好撿兩根有尖頭的樹枝，他蹲下來，兩根樹枝並用，使力挖開樹根旁的泥土，再一次一次的往下往旁剉深。

「可以了！」法師接過小男孩手上的小鳥，輕輕讓牠躺進去，嘴裡又念著「脫離畜生道，往生善道。」在若雪輕柔的「南無阿彌陀佛」梵音中，他把旁邊泥土一把一把撥上去蓋平。

母子倆有著圓滿一件事的安心、喜悅。

若雪由衷欽佩這位法師，能上台講課、會蓋房子、懂植物、對動物有愛心，他還會什麼呢？當法師是否要能文能武？

本度法師望著她那純真善良的笑容，心有所感，脫口道：「若雪，妳不是要出家嗎？我們都等著。怎麼妳還……」瞥見韓子揚臉色一沉，他嚥下下面的「怎麼還交了男朋友？」

若雪有些尷尬，心想：「是你們希望我出家的，我好像沒有說過我要出家，我只是喜歡寺院清淨的生活。」

臨走，本度挖了幾顆地瓜和兩把蔬菜，讓他們帶回去。

下了公車，同早上一般仍是當散步走回天祥，只是子揚手中多了沉沉的提袋。若雪關心問：「重嗎？」他笑著搖頭。

走了十來分鐘，從松山路拐進熟悉的街道，騎樓下，行過六、七間商店，就到天祥。一進門，室外室內的明暗反差，若雪只依稀認出琇玲，她喊一聲：

「媽——」閉眼再睜開，即發現氣氛不對，首先是媽媽慌張的眼神，妹妹坐在櫃台後，爸爸站在置物架旁和背對門的人講話，聽到聲響，那人轉過身子，是陸世峰！

若雪嚇一跳，「陸老師，你怎麼來了？」

「快過年了，帶了一點小小禮物給伯父伯母。」陸世峰講話時，也已留意到若雪旁邊的男士。

她強作鎮靜，為他們介紹：「這是韓子揚，動物醫師。他叫陸世峰，是畫家，最近來我們學校教美術。」兩位禮貌的握手致意，一位是英俊偉岸，一位是瀟灑倜儻，都各具不同的出色丰采。

陸世峰知道若雪有男朋友，已有心理準備。韓子揚乍見年紀相仿的男士出現在江家，一時錯愕。

這一天，先是在西淨寺聽法師說若雪想要出家的事，心中已惶恐不安，現在又冒出一位疑為「情敵」的男生，更是惴惴難忍。

若雪說：「陸老師是曼妮的哥哥。」子揚吃驚的哦一聲。看著陸世峰，回應：「她在上海，常去我們醫院。」

「我這位妹妹被父母寵慣了，脾氣不好，有沒有給你們添麻煩？」陸世峰灑脫笑道。語調中有著對妹妹的了解和寬容。

若雅一直沒出聲，安靜坐著，機靈的眼睛望著每個人。不知哪根神經被牽動，她忽然開口：「陸大哥很會畫圖，他幫二姊畫了一張圖，很漂亮呢！」

登時整個空氣僵住了，琇玲瞪她一眼。

隔一會兒，陸世峰微笑告辭。他們目送他鑽入停在門口路邊的黑色賓士車。走回店裡，若雪看到子揚手中還拎著那一袋蔬菜。他往裡走，拉開木門，把提袋裡的地瓜、青菜拿出來放桌上。

「本度法師也真是的，地瓜那麼重，還讓你們提回來。」琇玲誇張怪道，她稍作整理就走出來。

韓子揚怔怔坐著，若雪倒了兩杯溫水，一杯放他桌前，自己拿了一杯，在他身旁坐下來。她溫柔說：「喝口水吧，走那麼遠的路了。」

子揚咕嚕咕嚕喝了幾口，他轉過身，深深凝視若雪，憂心問她：「陸世峰怎麼認識妳的？他是不是在追求妳？」

若雪說陸世峰開了一間藝廊，曼妮邀她去參加一個新展的開幕式而認識。

「很慎重，曼妮說要寄邀請卡，要了我的電話、地址。所以，有時候他會跑來家裡。」她沒提有一陣子晚上下課後，陸世峰載她回家的事。雖然沒逾矩，她問心無愧，但不願子揚多心、難過。

「他不是在經營藝廊嗎？怎麼跑到妳學校去教書？」子揚疑惑問道。

若雪如實解釋，唉，雖然理由正當合理，但種種巧合，只能說「老天站在他那邊」，給了他近水樓台的因緣。

再問到繪圖事，她簡單說明，她去大安森林公園，被他遇見、偷拍、作畫，等認識之後送畫給她。

初遇、驚豔，是源頭。

陸世峰存有「窈窕淑女，君子好逑」之心。若無妹妹曼妮為私利而積極的推波助瀾，恐怕很快就縮回他那不強求的「無何有」之鄉。

為了讓子揚安心，若雪敘述前後因緣。而在回顧回想時，她才陡然明白：曼妮要二哥追她，是為了把她從子揚身邊拉開。子揚也想到他去上海，曼妮隨後跟來。

曼妮的心機，他倆現在才察覺。陸世峰應該也不知曉他成為妹妹手中的一顆棋子。現在，將、帥碰頭了，怎麼辦？不過，打的算盤卻不如她所意。

子揚想看那幅畫，若雪上樓去取。琇玲進來不見女兒，還道是兩人吵架了。她趁機低聲說：「子揚，你不用擔心，若雪不會變心的。」他衷心感謝。他知道江媽媽待他很好，一直如自己的母親關照著他。

若雪雙手抱著畫走下來。「那麼大一幅！」子揚原以為只是擺在桌上如A4大小的圖畫。裱著框的彩圖裡，若雪正專注望著眼前一黑一白的兩隻鵝，那雙天真單純又驚喜的眼神，是他魂牽夢縈、再熟悉不過的！他凝視許久。

陸世峰應也是被這雙眼睛吸引吧，他心想。

「畫得很美、很傳神，」子揚讚歎，半晌又道：「他應該先徵得妳的同意，才拍攝、作畫的。這是基本的尊重。」

「是啊，送畫來時，他為自己沒事先徵得我同意就私下拍攝，很慎重的道歉。」若雪解釋，望他一眼，深怕他以為自己袒護陸世峰，還好他臉色平和，沒再追問。

第七章

護生——

好逑

在江家用完晚餐，他走回住處，這條路線，他閉著眼睛都能走。近三年前的那場火災，他半夜焦慮的急奔過來，幸得祝融沒有蔓延到江家。他只幫點小忙，卻從此成為天祥的常客，甚而宛如一家人。

盥洗後，他把衣服丟進洗衣機，坐在電腦桌前發呆。這一整天，他心頭像遭到激烈電擊，不斷顫動。

現在獨處，他平靜思考著，他和若雪的感情已趨穩定，兩人都有相知相惜的默契。他渴望她不只是女友，更能成為自己的妻子，他期待共組一個家庭。環視現在暫住的房子，是多年的老屋，空間不大，他一人住還可以，兩人或以後有孩子就嫌小了。而且，他不想租屋，希望能給若雪一間屬於自己的家。

雖然若雪心性淡泊，她不戀慕榮華富貴，不貪求華衣美食，但是身為男人，他必須務實，必須讓她有一個無匱乏的生活環境。

他覺得目前居住的地點很適當，住宅區還算寧靜，走出門轉幾個彎就是熱鬧街道，有各種商店供應生活所需。再者離天祥不遠，若雪可以常常回家探望父母、妹妹，需要照應時也很方便。

他想明天到附近尋找打聽哪裡有新建的房子，或屋齡五年左右、要出售的房子。心中盤算工作五年多，有些存款，不知是否夠付頭期款？他有工作，先買下來，以後再每月分期付款。

腦筋一亮，為何不先請教楊伯伯，他是屋主，對這附近的環境應該比較清楚。他電話撥過去，楊伯伯很高興子揚即將成家。聽了子揚的需求，他朗聲哈哈笑道：「子揚，你問對人了，你知道我兒子做什麼工作嗎？他是做房地產的。」

「那麼巧！」子揚驚喜萬分。

「我叫他跟你聯絡，你是我老同事、老朋友的孩子，會給你優惠。」溫厚長者的話語，讓他寬心。

沒多久，楊伯伯的兒子來電，說他是做房屋仲介，手邊正好有幾棟房子要賣，明天來帶他去看。

事情似乎比他預想的來得順利。十點多，他有點疲倦，連打哈欠。收拾一下桌面，把洗好的衣服晾掛在另一間小空房，就上床準備睡覺。閉上眼，腦海卻像怒濤洶湧般的翻騰。黝暗的黑海，閃著銀色浪花，他平緩深呼吸，絲絲浪紋逐漸止息。

他聽到心底的聲音：「家，是兩個人的，想要買房、看房，為什麼沒有跟若雪說？」

靜止片刻，另一聲音：「等稍有眉目，大致確定之後，會帶她去看的。」是她不食人間煙火的心性，讓子揚本能的站在前鋒，為她擋住繁瑣俗事？

隔天，楊伯伯的兒子楊達明來載他，車上達明問他購屋的條件，子揚提出心中的想法。他自知買不起獨門獨棟的房子，乃選擇大樓裡的一層，希望約三十到四十坪，有三房二廳。如果大樓附近有公園更好。繞了幾處，他考慮了兩棟，都是十層以下的大樓。屋齡十三年的大樓，米白色的外牆已泛黃，灰黑斑駁的水漬四處可見。另一棟屋齡五年，銀灰深灰搭配設計的石牆，給人穩固又具現代感的印象，最棒的是附近有個蔥翠的小公園。但是兩棟屋子的房價卻令他咋舌！擔心連頭期款都付不出呢。

除夕前兩天他回台中。打從他懂事，爸媽就灌輸他們姊弟倆，家是大家的，每個人都有責任維護。除了平常的洗碗、打掃，年終大掃除更是全家總動員。

因此，即使在台北讀書、工作，到了春節，他也會習慣的提前兩三天回家大掃除。媽媽愛乾淨，客廳、廚房各處常常在擦拭，子揚做的主要是高處如牆壁上方、天花板蜘蛛網、汙漬的清理，以及窗戶、紗窗拆下來清洗等工作。

樓上樓下皆窗明几淨，他頗有成就感，也很開心。冬天的勞動，流了些汗，他洗把臉，通體舒暢，吹著口哨哼唱：「我有一隻小毛驢，從來也不騎，有一天我心血來潮……」一邊走下樓。

他喜歡吹口哨，高中學會用口哨吹出歌曲，嘴巴能吹出樂器的效果，他新奇又興奮。不過，大多只在家裡哼哼唱唱。黃豆聽到他的口哨聲，搖著尾巴跑上樓又轉身跟下來。

媽媽笑吟吟從廚房走出來，「子揚，辛苦了，來吃點心。」她舀了三碗還冒著熱氣的薏仁紅豆湯，子揚眼睛一亮，媽媽煮的點心，無論冷熱或溫潤或濃稠，都是滑口宜爽。

他常讚道：「是天下第一！」

媽媽笑說：「愛拍馬屁！」

爸爸下結論詮釋：「因為有媽媽的味道，所以就天下無敵！」

子揚吃了兩碗，洗了碗匙，他坐回沙發，向爸媽說，五月從上海調回台北之後，他想和若雪結婚。爸媽驚喜！「若雪同意了？她爸媽知道嗎？」媽媽問道。

子揚搖搖頭，「我還沒有提，如果若雪答應，她父母親應該不會反對。」子揚接著提及他想買房子的事。他說看了幾棟房子，覺得有兩棟不錯。

媽媽問：「若雪和你一起去看？」

「沒有，我想比較確定後，再帶她去。跑一整天蠻辛苦的。」子揚思索片刻，有些尷尬說道：「爸爸、媽媽，過完年能不能請你們去台北，幫我、幫我向江家提親？也一起去看房子。」

爸爸爽快答應：「是應該去和他父母見面。」

談到房子，媽媽問：「台北的房子很貴吧？」

「是啊，貴到超乎我的想像！」子揚說：「在諾奇工作，我有些存款，原本想可以用來繳頭期款，以後再每月分期付款，看來這些錢付不了頭期款。」

他故作輕鬆道：「媽，妳別擔心，我會想辦法的。」

爸媽兩人對視，半晌，媽說：「我這裡有一些，是你的錢，可以拿去用。」

原來，子揚大學畢業，開始工作，每個月領的薪水，必定會寄一萬五千到二萬元回家，說是孝養父母。

其實，韓家雖非大富豪，經濟狀況也算是中等，不需要用到子揚的錢。不過兒子的一片孝心，他們心領，沒拒絕，開個帳戶把錢存進去。

「媽，那是給妳和爸爸的，怎麼可以拿回來？」驚訝中有著感動又慚愧的心情。

夫婦倆又對望幾秒。韓志勤緩緩說：「幾年前退休下來，我買了一棟房子，在台中。」

子揚睜大眼睛，一副不可思議的表情，又一次驚訝：「買房投資？」

韓志勤微笑道：「沒錯，那時房價走低，買了下來。現在租給一對年輕夫妻。」

韓志勤在鐵路局擔任多年高階主管，他個性務實，不喜交際應酬，沒有不良嗜好，下班後就是看看書、打打拳。假日有時帶著妻兒去爬山、郊遊，所賺的錢也大多用在家庭裡。

女兒出嫁了，夫家經濟還可以，不用他操心。他很高興能為唯一的兒子做些什麼。

「你要不要回來台中？家裡就我和你爸爸，好冷清，搬回來一起住，熱鬧些。如果嫌小，那棟房子給你們住也可以。」媽媽期盼的眼神問道。

「媽媽，我和若雪的工作都在台北。」

「台中也有動物醫院，也有學校啊。」

「他們在台北工作得好好的，不要勉強吧。」理性的父親為他解圍。

大年初二，韓玉屏夫婦和女兒涵涵回娘家，大人小孩都穿上新衣，涵涵身上正紅色中國式棉襖最是鮮亮，一進門，嬌嫩的童音就喊著：「爺爺、奶奶，新年快樂！舅舅，新年快樂！」一屋子好似點燃炮竹，瞬間變得喜氣飛揚。

涵涵不習慣叫「外公、外婆」，可能是疊字容易念，她兩邊都喊爺爺、奶奶，為讓自己好區分，有時會說「爸爸的爺爺、奶奶，媽媽的爺爺、奶奶」。

姊弟倆給了爸媽紅包，涵涵也拿到爺爺奶奶和舅舅的壓歲錢。大人、小孩邊吃糖果、嗑瓜子，邊說說笑笑。玉屏小腹微凸，懷了第二胎，超音波初次檢查像是男孩，姊夫難掩喜色。

涵涵坐不住，不時跑去找黃豆鬧著玩。現在她稍懂事，不會像以前猛扯黃豆的皮毛，黃豆也就和善的陪她玩耍。

父母想要的是這一份溫暖與熱鬧吧，子揚心裡想著：一種由親情血脈延續下來的溫暖與熱鬧。

知道爸媽要北上提親，韓玉屏興奮說道：「太好了，趕緊把若雪娶回來！」她轉頭問：「你跟若雪求婚了嗎？」子揚搔搔頭，「沒有。」

大學時，他交過一位女朋友，不到一年就分手了。從一認識若雪，他就認定這一生會死心塌地的愛她、守護她。

他只道兩人相愛，愛到極致，就自然走入婚姻。

他腦中浮上以前看電影，男生屈膝下跪向女生求婚的畫面。

他低聲問玉屏：「姊，求婚要跪著嗎？」

玉屏暗笑，也輕聲在他耳邊說：「可以跪，但要私下，尤其不能讓父母親看到。」

晚上他回到房間，在鏡子前，把頭髮、衣服理整齊，估算若雪已洗好澡，回到她房間。他撥電話，先說年初四，爸媽要去拜訪她父母。

「啊，怎麼那麼突然？」若雪有些訝異。

「他們早就想去拜訪伯父母，這次趁我從上海回來。」子揚沒說提親的事。感覺若雪語氣有些猶豫，「怎麼？不方便嗎？」他問。

「沒有啦，歡迎你們來。」

隔一會兒，她要若雪打開視訊通話，他屈右膝跪下，雙手拿著一株從院子剪下的媽媽種的紅色玫瑰花，神情慎重緊張，口中吐出練習好幾次的詞：

「若雪，我的仙女，請妳下凡來人間當我的妻子，好嗎？我會是忠實的好丈夫，永遠愛妳，永遠不變心。」

若雪呆住了！她還傻楞楞的問：「子揚，你在幹什麼？」

「我在向妳求婚啊。」念完所擬的求婚台詞，他鬆了一口氣，愉悅微笑著。

「站起來吧！」

「妳還沒有答應。」

「你要跪到什麼時候？」

「跪到妳答應。」

「如果你爸媽進來房間，看到你這樣跪著，太丟臉了！」

「爸媽會先敲門，他們不會擅自開門。」

……

看著螢幕上一個大男人手拿紅玫瑰屈膝的畫面，剛開始，若雪覺得好笑，像在演戲。端詳這張器宇軒昂、真誠良善的臉龐，她暗忖：如果要結婚，他應是唯一的選擇。

「好吧，我答應，你起來吧。」

子揚馬上站起來，樂得咧嘴大笑：「謝謝妳！若雪，我好想抱抱妳！」他伸出手臂，真想擁她入懷。

韓志勤、張麗雲跟著兒子一踏進天祥，即見若雪迎上來，「若雪，好久沒看到妳了！」張麗雲笑嘻嘻親熱的摟住她，子揚在旁望著她傻笑。從後方走來的琇玲見到這一幕，有著欣慰的感動。

一時，韓先生、韓太太、江先生、江太太，兩對父母首度碰面的招呼聲、新春恭賀聲，洋溢著溫馨又雀躍的喜氣。接著，琇玲介紹小女兒若雅，以及從宜蘭回娘家的大女兒若華和外孫女。子揚第一次看到若雪的大姊，三姊妹相貌有差異，但都眉清目秀，若雪肌膚更為潔白晶瑩，氣質也不同，應是「腹有詩書氣自華」吧。

寒暄談話間，韓志勤已在店裡一排排的文具櫃、雜誌架逛一遭走回來，嘴裡讚道：「這裡物品很多，不是只有文具。」子揚接口：「當初我就是為了買滑鼠的電池才走進來。」

他看著若雅，「小妹是我第一位認識的。」

伶俐的若雅回道：「不是，你第一個見到的是白點。」

子揚呵呵笑道：「沒錯、沒錯，牠在門口等我，我抱著牠走進來才見到小妹。」

琇玲帶大家往後走，邊說：「不好意思，這裡是店面，沒有客廳。」拉開木門，「為了方便，廚房、餐廳兼客廳，很簡陋，委屈你們了。」同為家庭主婦的張麗雲則由衷讚歎整個空間格局的不陋仄和一塵不染。韓志勤父子把手上的物品放在桌上。

張麗雲從提袋掏出兩塊用透明玻璃紙襯底、直徑約二十公分的圓形年糕，「這是我自己做的年糕，請你們嘗嘗。」

子揚獻寶似的插嘴：「每到過年，媽媽都會做年糕、發糕、蘿蔔糕，超好吃的，比外面賣的好吃！」

「你這孩子，怎麼自誇著，也不害臊！」張麗雲輕輕打一下他手臂，卻難掩喜色。

「紅紫色是紅豆年糕，另一塊淺黃色的是？」琇玲問道。

「是柳橙年糕，」張麗雲綻開笑容：「是我自己發明的。用新鮮的柳丁連皮打碎榨汁，加入糯米粉，很簡單，吃起來有柳橙的香味。」水黃油亮的糕面，鑲嵌著幾顆橘色小星點，引人味覺的遐思。

子揚從他帶來的紙箱裡拿出一個他環手可抱的灰色盆缸。張麗雲說：

「這是給若雪的。上次她去台中，見我院子裡養了兩缸蓮花，看了很久，知道她喜歡，我想送一缸給她，但是太大太重。後來我就買了小型盆缸，種了迷你睡蓮，帶過來給她。」

若雪驚喜又感動，一時說不出話來。琇玲、子揚同時瞧著她，琇玲輕輕推她一下，「韓太太對妳那麼好！」若雪眼睛濕潤，哽咽道：「謝謝韓媽媽。」

仿石材的圓形花盆，樸拙又典雅。盆缸裡，半缸水上浮著一片片翠綠色圓形葉片，襯托住三朵蓮花，兩朵米白色，一朵紫紅色，花瓣嬌柔，花蕊嫩黃，好一幅水中美景！

出門時為了方便搬運，張麗雲舀掉一些水。現在她添加了水至八分滿，一邊說：「蓮花性喜陽光，要擺放在陽光照得到的地方。」

琇玲說那只能放在二樓的陽台。「哎呀，我忘了，應該擺好再加水，現在水多，更重了！」麗雲輕聲叫道。

「媽，沒關係，我來搬。」子揚靠過來伸出手臂抱住。琇玲按了電梯，要若雪帶路。

子揚首度登堂入室上到二樓，瞧見江家的生活空間，三個房間、客廳和盥洗室，如同一般家庭，有著舒適自在的溫暖氣味，和一樓的生意場所迥然不同。臨馬路的陽台上已有幾盆綠色植物，若雪稍作移動，把蓮花盆放在太陽能照射之處。

走進屋裡，子揚笑著說：「托蓮花的福，我才有機會上來。」看到客廳牆上掛著的若雪畫像，美則美矣，但聯想到作畫的人，心坎就如被針猛扎般刺痛一下，很不舒服的感覺，他眉頭微皺，搭在若雪肩膀的手臂不禁深深擁緊。

兩人走下樓，轉彎處，白點坐在階梯專注俯視兩位陌生人和主人的互動。子揚彎腰抱起牠，回頭見是子揚，牠喵一聲，也沒反抗。

桌上已清乾淨，若華準備好茶水就走出去。子揚跟爸媽介紹：「牠就是白點，是我的媒人。」大家哈哈大笑。

「說到媒人，我們正要談此事呢，你們坐下來。」張麗雲神色歡愉說道：「江先生、江太太，今天除了來拜訪，更重要的是，子揚和若雪交往有三年了吧，我很喜歡若雪，我看他們感情很好，各方面都蠻相配的，我想是不是早點讓他們結婚？」

江炳昆夫妻一時愣住，「若雪還小。」兩人幾乎同時出口，面露不捨之情。

「我能理解你們的心情，當初我女兒出嫁，我們也是非常捨不得。」張麗雲點頭，委婉說著：「不過，子揚三十一歲了，若雪二十五、六吧，也是適婚的年齡。」

她沉思片刻又說：「子揚這幾年常受你們的照顧，很感謝你們。我這兒子不是頂聰明能幹，但是品行不錯，老實善良，有責任感。」

「韓先生、韓太太教養得很好，我也喜歡他，把他當作兒子看待。」

「哈哈，我也把若雪當成自己的女兒。太好了，以後我們多一個女兒，你們多一個兒子。」

琇玲詢問若雪的意見。若雪心中念著：「原來你們已經計畫好了，昨天你跟我求婚，今天父母親來提親。」見子揚正深情企盼的凝視自己，她有些不忍，便微微點頭。

「子揚不是還在上海工作嗎？等他回來再說吧。」一直沒開口的江炳昆冒出這句話。

「那當然，」張麗雲笑道：「今天提出來是大家有個譜，等五、六月子揚回台灣就可以籌辦了，要先訂婚嗎？」

「不用吧，太麻煩了。」琇玲說。

「幾年前，子揚他爸在台中買了一棟房子。我原本希望他們結婚後可以搬回來住，不過他爸說他們的工作都在台北，不要勉強。現在租給別人。」

韓志勤接著說：「子揚現在住的房子是我一位老朋友的，他兒子做房屋仲介，我請他幫忙留意附近的房子，約好下午去看看，我們一起去吧！」

感受到他的體恤和誠意，琇玲夫婦對看一眼，就答應了。談完正事，大家鬆口氣。

若雪找機會私下跟子揚說：「大姊這次回來跟爸媽說，姊夫有外遇，她吵著要離婚，所以爸媽心情不太好。」

「難怪，今天對我不太友善。」子揚心想。

用完午餐，楊達明載他父親過來，韓志勤夫婦坐他的車。江炳昆載著太太、子揚、若雪，兩輛車前往之前勘查過的那兩棟大樓。和子揚的意見一樣，大家也較中意銀灰色外牆、屋齡五年的房子，不過是十一樓層，他們嫌太高。楊達明說同樣在松山區，有尚在建築的大廈，正在推出「預售屋」，就再順道去看。

春節期間，尚未開工，接待中心燈光明亮，兩位打扮漂亮，身著藍紫色套裝的小姐，滿面笑容的帶他們參觀，介紹房屋規格、特色等等。一行人對周圍環境、大廈外觀、房屋大小格局，都覺得不錯。

楊達明看了資料說，五樓還有兩間預售屋，要不要先訂下來？頓時，韓江兩家人沉默下來，買房子是大事，怎能看一眼就訂下來。問明了半年以後交屋，大家也就不急。楊伯伯交代兒子多關心此事，幫忙留意工程進度，以及預售屋的狀況。

喜宴

陸曼妮發覺生理期異常，她很擔心，請大嫂陪她去看婦科，一檢驗確定她懷孕了！忍耐回到家，一進門她就大聲痛哭，佳蓉倒了一杯水給她，許久，她才抽抽噎噎，喝了幾口水。

佳蓉問：「是高華的？」

曼妮馬上怒不可遏的叫道：「這壞傢伙，都是他害的！」眼淚又撲簌簌的流下來，「大嫂，怎麼辦？」

望著一向強悍的小姑，突然變得楚楚可憐的無助模樣，她心中暗笑又有些同情，「妳要跟高華說，你們得趕緊結婚，他不會推託吧？」

「推託？當然不會，他巴不得馬上跟我結婚呢！」曼妮任性的說：「我不要結婚！大嫂妳帶我去把孩子拿掉！」

「那怎麼可以，也是一條生命，我不敢做這缺德的事！」

曼妮嘴裡嘟囔著：「搞不好，他故意用這一招逼我結婚的。」

「那就結婚吧，趁才兩個多月，看不出來，妳還能穿著漂亮的新娘衣服。」

想起過去經過自己手中一件件無數的美麗婚紗，她眼中閃爍喜悅的光芒，但很快黯淡下來，又說「我不想結婚。」

「由不得妳啦！」佳蓉緊張說道：「妳打電話叫高華下班後過來，和大哥一起討論。」

高華一進門，曼妮就氣沖沖伸手要摑他耳光，高華本能的頭一側，只讓指尖輕輕觸到臉頰，他抓住曼妮的手，摟住她肩膀，溫言慰道：「不要生氣，不要生氣。」

曼妮甩開他的手，紅著眼睛兀自嬌蠻的向陸世雄告狀：「大哥，他欺負我！」

陸世雄看著高華，嘴角微一上揚，似笑非笑的表情，兩人心裡有數，一個願打，一個願挨，怪得人嗎？

不過，坐定，他還是以兄長的身分嚴肅的問他該怎麼辦？高華鄭重地說：「大哥，我會負責任的，我們應該趕緊結婚。」

陸世雄點頭，他沉思半晌，說：「據我所知，大陸人和台灣人結婚，手續很麻煩、繁瑣，好像流程還要跑到海基會、移民署、法院……還要跟男女兩方面談。」

他想一想，「高華，你是當地人，這些手續請你去了解，要準備哪些證件、資料，如何登記處理等等，由你負責。結婚典禮、喜宴的事，我來負責，可以嗎？我們分工合作。」高華很感謝這未來的大舅對他的支持。

「還有，結婚是兩家的事，要告訴雙方父母。我想婚禮就在上海舉行吧，喜宴除了在上海，也必須回台灣宴請親朋好友，揚州呢？」

高華說：「我再請問我父母。」

不愧是企業經營者，陸世雄很快就明確扼要把妹妹的婚姻大事理出頭緒。

聽著他們談話，曼妮慢慢冷靜下來，有大哥做後盾，再看到他和大嫂的婚姻生活頗幸福美滿，似乎結婚也沒有那麼可怕。

高華向醫院請了假。知道曼妮沒耐性，他先諮詢相關單位，了解手續、流程，再帶她前往處理。

曼妮只關心自己要穿什麼禮服？腦海馬上湧上「香閣」裡一件件各式各樣的美麗禮服。她拿起手機撥電話給周華芝，許久沒聯絡，有些怯懦，聽到熟悉的爽朗熱情聲音，竟激動得哽咽著，心想為什麼最近那麼愛哭？

周華芝一聽她要結婚，興奮不已，「趕快回來！我訂了不少新款的禮服，香閣的禮服任妳挑選，妳要幾套都可以。」

「許妳一生最美的時刻」，香閣的理念。過去為別人挑選嫁衣裳，終於要給自己最美麗的時刻了。

高華第一次到台灣，他覺得台北信義區和上海延安西路有點像，都是處處高樓聳立，陸家在兩地居住的豪宅，也都一樣寬敞、豪華。

李美月在上海第一眼見到高華，就因他長相俊秀又彬彬有禮而留下好印象。陸朝森當時沒答應婚事，是對他不了解，還存有待觀察的心態，尤其捨不得女兒嫁得遠。如今，生米煮成熟飯也只能接受了。

高華喜歡陸世峰，他沒有陸家人的高傲與霸氣，和他談話較為輕鬆自在。可可和妞妞見到陌生人，剛開始不免緊張又警戒，而動物醫師善於和動物打交道，沒多久兩個四條腿的成員，就不時搖著尾巴在他身邊繞著玩著。

晚餐後，曼妮邊吃葡萄邊問：「爸爸，明天你去公司嗎？」

陸朝森笑道：「妳要用車就給妳用啊，我要出門可以搭計程車。」他向高華深深望一眼，言下之意，讓他知道：「我是如此疼女兒的，你可不能對她不好。」

隔天早上，下樓即見一輛深灰色豪華轎車停在門口，司機站在車旁，恭敬說道：「小姐，您回來了。」曼妮「嗯——」地望他一眼。他拉開後座門，曼妮叫高華先進去，她再坐下來。司機問到哪裡？「香閣。」曼妮冷冷回道。

一路沉默，只聽著車聲、喇叭聲。高華想著：住在豪宅，行有名車，生活起居有傭人侍候，出門有司機服務，這是一位嬌嬌女的人生日常。他皺起眉頭，隨即腦海浮上一張藍圖，又開懷竊喜。

周華芝見到她，兩人緊緊擁抱，一鬆手，曼妮眼睛濕潤，激動的說：「周姐，我好想妳哦！」

周華芝是她唯一的主管，對她有知遇之恩。在香閣那幾年，從初始的教導到後來的全權放手，委以重任，周華芝如師如友帶著她。婚紗禮服行業也成為她唯一的專業！

曼妮介紹高華，周華芝注視好一會兒，讚道：「真是俊男美女！」曼妮喜孜孜的，有著伴侶帶得出去、上得檯面的虛榮感。

喝茶敘舊之後，周華芝帶他們進到禮服室。全年恆溫空調、除濕，進去須換室內拖鞋，乾淨清爽的空間，分區陳列不同款式的禮服，顏色或淡雅或豔麗，輕柔細滑的質材，霓裳羽衣的飄逸，宛如來到美麗又夢幻的城堡。

新郎的服裝簡單，高華選了深灰色、寶藍色兩套西裝。曼妮中意一套米色婚紗，一字肩的公主袖，蓬蓬垂地的雙層裙上綴有淺紫蕾絲花朵；喜宴的禮服，她選了正紅色和香檳色兩款。試穿時，曼妮對著鏡子左顧右盼，欣喜她和高華都有模特兒高䠷的身材。

周華芝注視她好一會兒，低聲說：「曼妮，妳懷孕了。」

曼妮驚惶變色，顫聲道：「周姐，妳看出來了！這些禮服我不能穿了！」

她泫然欲泣。

周華芝安慰她，「我熟悉妳的腰身，所以一眼就瞧出來，別人可能不知道吧。不過，保險起見，我叫裁縫師略微修改。」頓了一頓，嫣然笑道：「妳還是美麗的新娘啦，別擔心！」

婚紗禮服以後用不著，周華芝說婚禮結束可歸還，其他兩套西裝、兩套喜宴禮服送給他們，當作她的賀禮。曼妮知道這些服裝的昂貴，直呼不可。兩人推來推去，最後付了西裝款項，接受禮服的饋贈。

曼妮歡愉又感性的說：「回到上海，穿上這兩件衣服，就像周姐陪在我身邊呢！」

辦妥結婚登記，所有手續都完備了，陸朝森夫婦、陸世峰飛來上海，住在延安西路的大樓，陸朝森說這棟房子以後就讓曼妮他們住。

「爸媽，你們來上海也可以住啊，房間夠的。」曼妮說。

「那當然，」陸朝森呵呵笑道：「房子是我買的，妳敢乞丐趕廟公嗎？」

「不敢、不敢！」曼妮俏皮撒嬌回道。

高華的父母、奶奶，也都來到上海，高華安排他們住在附近的酒店。

婚宴選在一家五星級豪華酒店，整體裝潢以金黃色為主調，華麗的水晶吊燈，映照朱紅色地毯，斑斕彩光令人目眩，彷彿是奢華氣派的皇宮。特別標榜為「婚宴」服務，因此闢有婚禮進行的禮堂，新娘補妝、換衣服的套房，以及供新人拍攝留影的仙境花園、水晶城堡等場景。

曼妮來上海不久，真正的朋友只有張海蓮。高華非本地人，平常接觸的只有同事，和帶動物來醫院的飼主。這天來參加婚禮，屬於新人朋友方的大多來自「米格魯」的院長陳永和、張海蓮夫婦，韓子揚和另外兩位醫師同事，以及常光顧的飼主。

幸得陸世雄在大陸多年耕耘，於工商界闖出一點名氣，算是成功的台商，他交遊廣闊，為妹妹辦的婚宴，自然有許多人趕來捧場、慶賀。

主桌坐著新郎新娘和雙方家長。中國人的婚宴，大體上娶媳婦的男方是主導、主人，嫁女兒的女方則被動、配合。這場正好相反，高華的父母親拘謹、寡言，倒是高奶奶最為興奮，她操著揚州口音跟陸朝森夫婦說：

「你們這閨女呀，我第一眼看到就喜歡她！長得漂亮又乖巧……我太喜歡這孫媳婦了！」

女兒被稱讚，陸朝森樂得呵呵大笑！李美月微笑，心想：「漂亮是漂亮，說她乖巧，問問你孫子吧。」

敬酒時，神采奕奕、華貴亮麗的一雙璧人走到米格魯這一桌，見到熟悉面孔，分外欣喜，祝福聲、感謝聲中，曼妮特意望一眼韓子揚，怎樣的心情？遺憾、報復、炫耀？她說不上來。

婚宴結束，高媽媽私下問兒子：「那麼大的排場，花了不少錢吧？」高華回說是曼妮她家付的，高媽媽鬆口氣，說那還好。高爸爸面露不悅之色，想起兒子說結婚後住她家的事，「你不會入贅她家吧？」

高華嚇一跳，說道：「不會，她上面有兩個哥哥呢！」

回到台北，同樣是大排場的奢華婚宴，來祝賀人數更多、更熱鬧。曼妮沒有邀請若雪，心存芥蒂吧。曼妮對自己的美貌有信心，但是有若雪在，她那不施脂粉的素顏，簡單樸素的衣著，竟能遮掩自己的丰采。著實讓她心不安。

偌大的房子，牆壁重新粉刷並掛上新的畫作，客廳的沙發布套、臥房的棉被、枕頭、被單更是汰舊換新。貼在房門的紅色「囍」字依然嶄新，兩盆大型的紫色蘭花依然嬌豔立在沙發兩端。

曼妮午睡醒來，慵懶的走出臥室，身上淡黃色的寬鬆洋裝，綴有橘色、藍色、綠色的小魚圖案，隨著她身體的擺動，魚兒們也在黃浪中翩翩搖曳。她往沙發坐下來。傭人小翠端了一碗蓮子紅棗木耳甜湯，眼神惶恐，怯怯的說：「太太，吃點心。」

曼妮瞄她一眼。「大太太要我煮的，她說這是溫補，對妳的身體很好。」小翠說完，輕輕放在桌上，就趕緊離開。被潑熱湯的記憶猶新，如果不是這裡薪水高，她早就捲鋪蓋回老家了。

曼妮翹著腿，雙手交叉抱在胸前，百無聊賴，眼睛又自然望向掛在牆上的結婚照片。端的是耀眼的金童玉女，新郎新娘被要求擺出的制式笑容，那時高華心中想的是什麼？她自己卻是有著「被子逼婚」的無奈。瞧著相片的神情，她清楚明白那笑容裡沒有喜悅、幸福和甜蜜。

由於自戀、炫耀，她拍下身著不同婚紗、禮服的相片，掛在客廳、臥室，美麗的倩影卻常勾起她心中的悸動。

是回「香閣」挑選禮服時尋回自己對華衣美服的愛戀與使命？是使命，沒錯，「許妳一生最美的時刻！」

想到肚裡的孩子，她就惱怒不已！

她不喜歡小孩，想到孩子出生後，要餵奶、換尿布，要哄他、照顧他、拉拔他長大……她就不寒而慄，驚惶不安。媽媽養了三個孩子，大嫂養了一個兒子，她們的一生就是當妻子、當母親。

「我不要！」她心中不時吶喊著。她想在上海開一家婚紗禮服公司，這是她追逐的夢想。

婚後，高華幾次提起創建動物醫院的事，立志當院長，是他的事業追求。

「那時候，妳就是院長夫人囉！」高華拐誘的口吻。

「和海蓮一樣，無所事事，常常帶點心去探望你們？」她沒好氣地頂了一句。曼妮不想當無聊的院長夫人。爸爸給她的資金，她打算用在自己的婚紗事業上，當然，高華還不知曉她的私心。

她不自覺又雙手握緊拳頭，敲打將近五個月微凸的肚子。懷孕三個月，她感覺到身體的變化，噁心、情緒低落，尤其腹部開始腫脹。她無法接受變醜且會繼續更醜的身軀，她用束腹帶緊緊勒著，沒人看見時還會偷偷用拳頭捶打，好像小樹苗正奮力從地底冒出芽，一出頭馬上被壓回泥土裡，再冒、再打，再冒、再打……

曼妮拿著遙控器不停轉台，找不到好看的電視節目。高華擔心她在家無聊，上網下載了幾齣韓劇讓她看。她昨天剛看完《繼承者們》，今天看《來自星星的你》吧，聽說評價很好，收視率很高。耳聞韓劇在劇情編寫、演員挑選、演技、導演各方面都很嚴謹，難怪多年來推出的影片能一路長紅。

她起身想去上廁所，再回來專心看影片。才走到浴室門口，突然下腹抽痛，又似尿失禁弄濕了褲子，她蹙眉坐上馬桶，發現不是尿液。是一片鮮紅的血！

她驚惶失措，趕緊打電話給大嫂，佳蓉叫小翠陪她，搭出租車到產檢的那家婦科醫院。「我從家裡直接去醫院，和妳會合。」佳蓉鎮定的安撫她。

醫師透過超音波檢查，發現胎兒已無心跳，必須進行引產手術。已將近妊娠中期，醫師神色凝重的跟匆匆趕過來的高華、佳蓉說明處理方式，並簽了手術同意書。

高華接到佳蓉的電話，即刻趕來，一路焦慮著急，心頭嘀咕著：怎麼那麼不小心！他滿頭大汗衝進醫院，看到曼妮臉色慘白，眼圈兒紅著，怯弱的縮著身子，不好責備，只安撫的摟著她。

在手術房外面等著，想到醫師說胎兒已漸成形，也看出應該是男孩，他心中刺痛！

期待的孩子突然消失了，為人父之夢，果真是虛幻的一場夢，唉——他深深嘆口氣，父母親期盼的孫子，奶奶不時叨念的曾孫子，都沒了。雖然醫師說這次的引產，不會影響以後的生育，但是，驚弓之鳥不免留存著陰影。

半小時之後，曼妮被推出來，醫師說這是小手術，不用住院。李美月得知曼妮流產，很緊張，要佳蓉給她補充營養品、燉補，要如同坐月子一樣。

曼妮自幼備受照顧，體質不錯，身體很快就恢復了。

如她所願，孩子消失了，她不用當母親了，理當鬆一口氣，她卻彷彿揹上更沉重的石頭。她清楚明白，孩子會流掉，是她一手造成的。尚未發育成形，還在子宮裡，就每天被詛咒、被毆打的生命，能存活、成長嗎？

自己何其殘忍？

只因不想為人母，就活生生戕害凌虐他致死。這小孩想必感受到他的不被接受、不受歡迎而拒絕來這個世界吧！

她是兇手，殺死自己孩子的劊子手！心中的祕密，無人可訴，日夜啃噬她的良心。（自己有良心嗎？有良心的人會殺害自己的骨肉嗎？）

她抑鬱寡歡，高華只當是流產後的落寞。

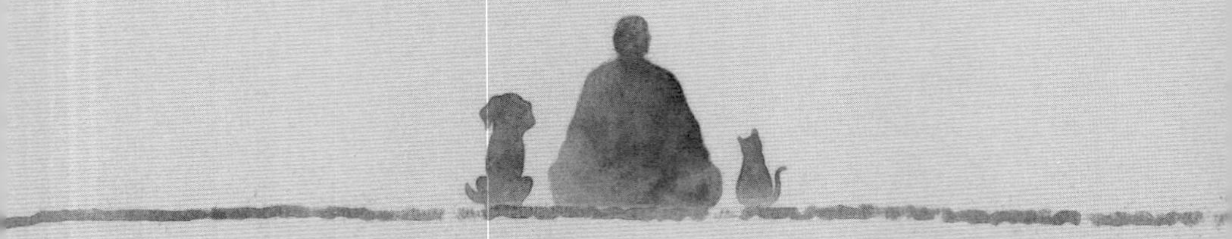

第八章

人間借路行

郊遊

水藍天空，清澈透亮，偶有幾片薄雲輕輕飄來，又隨微風游移。

進入山門，停好車，他們往右側坡道走上去，兩旁樹林蓊鬱，時聞小鳥啾唧聲，來到稍平緩的水泥地，淡雅的花香漾在空氣中。茂盛翠綠的玉蘭樹下，擺著一張不規則的橢圓形石桌和四張石椅。

三人坐下來，各自拿出水瓶喝水。江若雪從背包掏出三條香蕉、三包乖乖，放在桌上，呂佩瑩眼睛一亮，興奮的說：「乖乖耶！古早味，我們像小朋友一樣出來遠足！」

陸世峰拿一根香蕉，邊剝皮邊開心笑著道謝。

「如果有橘子，更好，」若雪說：「可惜現在不是它的季節，還好大家都有帶著水。」

佩瑩常常聽若雪談起光明寺種種，她好奇也嚮往著。但是北海岸石門地帶路途遙遠，交通又不方便，她商請陸世峰開車，於是有了週末一日遊。

熟悉的奶油椰子味道，入口即化的輕鬆咀嚼，一顆接一顆，呂佩瑩心情飛揚，不禁唱起歌來：

今天天氣好清爽，陌上野花香，
青山綠水繞身旁，小鳥聲聲唱，
四方好友來相聚，語多話又長，
野外共餐多舒暢，彼此祝安康。

清脆甜美的歌聲，耳熟能詳的經典童謠，立刻吸引周圍行走的遊客，一位、兩位、三位……一邊唱，一邊拍手打節奏，靠著走過來，每個人臉上都露出驚喜又溫馨的笑容。

來到石桌前，若雪、世峰將乖乖遞上，有人抓幾顆丟入嘴裡，有人則把隨身帶著的零食、水果往石桌放。

〈野餐〉唱了兩遍，突然冒出輕快活潑的曲調：

走走走走走，我們小手拉小手。

走走走走走，一同去郊遊。

白雲悠悠，陽光柔柔……

大人、小孩，手牽著手，唱呀、跳呀……

若雪愣住了，原本只是佩瑩一時興起，唱唱歌，怎麼變成露天的演唱會？音樂無國界，簡單的兒歌喚起舊時記憶，像樂譜的小豆芽串連了一顆顆善美的心靈。

她擔心不合規矩，望一望，人潮外有法師經過，也只好奇瞧瞧即微笑離開，看來應該沒關係吧！

客堂裡，弘日和尚剛會客結束，兩位法師送客人出來，在門口，他們也聽到熱鬧的歌聲，「什麼活動？」他們趨前觀望，「咦！那不是江若雪嗎？」一位法師說道。

歌聲漸歇，人群陸續散開，若雪也看到去年短期出家當他們引禮師的道中法師了。

「你們在做什麼？」法師疑惑的表情問道。

佩瑩嘻嘻一笑，伸伸舌頭，歡暢說道：「法師，不能怪若雪，罪魁禍首是我啦！」

「不是什麼錯事，沒關係，只是有點突然，熱鬧一下也很好。」法師溫和的讓她們釋懷。

佩瑩望著石桌上一堆堆食物，嫣然笑道：「這是大家犒賞的，哈哈，我們變成街頭藝人了。」若雪趕緊向法師介紹兩位朋友。

「到客堂坐坐吧，住持也在裡面。」道中法師說：「回來寺院，要拜見一下得戒和尚哦！」

往右前方步行一兩分鐘，即見一棟灰色石牆建築，裡面有會議室，和依人數多寡而隔成的大、中、小客堂。道中法師帶他們進到小客堂，師姐端茶過來。

不久弘日和尚和一位男眾法師走來，若雪恭謹的合掌請安，佩瑩、世峰見狀也跟著匆忙合起雙手。

「不用太拘束，大家坐下來。」弘日和尚溫和說道。

「師父，他們兩位是我學校的老師，都是第一次來山。」若雪介紹。

「呂老師帶動大家唱歌，我以為妳是音樂老師呢。」和尚呵呵笑道。

「真不好意思，我只是很開心，忍不住唱起歌來。」佩瑩露出頑皮又無辜的表情：「我沒有帶動哦，是大家自動跟著唱的。」

若雪補充：「佩瑩是英文老師，她常帶學生唱英文歌曲，她說唱歌學英文，效果更好！」

「唱歌很好，聽得出來，這些遊客都很開心，感謝你們帶給人間歡喜。」和尚為讓他們釋懷，真誠說道。半晌，又說：「佛教是要人歡喜、大家都平安幸福的宗教。」

陸世峰一直安靜從容的凝聽大家講話。弘日和尚一開始就留意到這位瀟灑倜儻的男士。

迎向他的目光，陸世峰說：「以前我常來北海岸金山、石門這一帶寫生，那時看到遠方的山上，有橘黃色的屋瓦在翠綠的樹林間錯落著，真像一幅美麗的圖畫，原來就是這裡。」

「以後你也可以來這裡寫生。」和尚真誠邀請。

道中法師腦筋一動，「師父，他們三位都是老師，太好了，我們的社教課程有繪畫班，可以請陸老師來上課，還有，呂老師教英文，若雪來教國文。」

「這叫一網打盡！」若雪打趣：「不過，也是我們自投羅網啦。」

「我是喜歡這裡，只是路途太遙遠了。」佩瑩說。

「說遠，你們不是來了嗎？」道中法師回道。

你一句，我一句，像叮噹的風鈴。

「再討論吧。」弘日和尚仍是溫煦寬厚的神情。他交代道中法師：「待會兒帶他們去過堂，下午去看一下禪堂。」

光明寺為禪宗道場，讓人參禪打坐的禪堂設在講堂上一層樓。法師打開電燈，柔和的金黃光暈映照著褐色的地板，米白色呈ㄇ字形三面牆下方，長長的褐色坐櫃上，一張張深咖啡色坐墊整齊排列著。法師介紹此禪堂可容納近二百人禪修，「想像一個畫面，大眾沿牆，專心安靜的盤腿打坐；想像一群人在中間空庭經行、跑香……」道中法師怡然說著。

離開前，他在服務台拿了三份資料，邊說：「海報上有今年禪修的時間，除了七天的禪七，也有二日禪、三日禪，方便上班族來修行。另一份是報名表，歡迎你們報名參加。」

回程途中，呂佩瑩在車上興奮的誇讚光明寺的好，「這裡環境優美，空氣乾淨，佛像很莊嚴，法師待人親切，飯菜好吃。」頗有不虛此行的滿足。

講完又補充一句：「難怪若雪想要在這裡出家。」她打個哈欠，沒多久，頭往後靠就睡著了。

行至山下，天色變暗，窗外烏雲密布，看來馬上會下雨，若雪才想著，即聽雨點叮咚打在車頂、車窗。

安靜的小空間，冒出一句：「妳會出家嗎？」

若雪愣住，兩雙眼睛在前方後視鏡交會，片刻，她垂下眼，沒說話。

雨聲嘩啦嘩啦，前面擋風玻璃的雨刷嘎嘎左右搖擺。若雪腦海浮上蔣捷的〈聽雨〉詞，少年、壯年、老年，聽雨有不同的心境。此時，汽車堪比船艇，「壯年聽雨客舟中，江闊雲低，斷雁叫西風。」我已走過少年，但還不到壯年，老年的聽雨僧廬下，又會是怎樣的境界？

抬眼，又迎上後視鏡裡陸世峰凝望自己的眼眸，唉，「專心開車。」她輕聲提醒，陸世峰微頷首。

高速公路上，來往車輛行駛，地上濺起的水花，和鉛灰色天空潑下的傾盆大雨，交織激盪成灰濛濛的團團霧氣。他開啟車燈，注視前方，雙手抓緊方向盤，放慢速度，留意和前車的距離。

有佳人同車，他心情寧靜又滿足。

從在大安森林公園初遇的驚豔，邀她來畫廊的正式認識，到苦心設計的晚上到學校載她回家，那一個月，夜空下，汽車裡短短二、三十分鐘，談老莊、聊文學、哲學、繪畫、音樂種種，很自然、很舒暢的思想交會，是他終生難忘的記憶。

那時，他一邊開車、談話，眼角不時瞄她一眼，白如凝脂的臉蛋，想觸摸一下卻不敢。有一次，車停下來等紅綠燈，見她柔膩細緻的小手擱在腿上，他忍不住伸出右手握住，冷不防，若雪嚇一跳，望他一眼，抽出手，面無表情，不再說話。從此他不敢造次。

難得真心付出感情，世峰渴望能擁有她，不是只有短短的心靈交流，在朝思暮想、焦慮難熬的暑假之後，竟逮到天上掉下來的機會，他到國光教書，成了她的同事。

不再是汽車裡密閉的小空間，辦公室、教室、操場，整個校園似乎都瀰漫著若雪的呼吸與心跳。她和同事的和諧互動，溫柔認真和學生談話，坐在辦公桌前備課、改作業、吃便當，有時和他、佩瑩一起去附近自助餐店用午餐，他還曾好奇的偷偷在走廊聆聽、觀望她上課的模樣……

世峰也發現唯一對她不友善的是教務主任賴老師，她心量小又偏執，見若雪書教得好，受學生尊重喜愛，竟然吃味，常常故意挑毛病。職場上總會有人嫉賢妒能，幸好校長頗明理，不會只聽片面之詞。

長時間在公共空間的相處，他發現對若雪的認識比較完整了。

在這之前，他寤寐求之的窈窕淑女，感覺上在天邊、在水洲，如冰清玉潔的仙子，渺渺不可期，現在好似回到真實的人間。其實，他明白若雪一直沒變，是他自己的幻想、妄想導致的錯覺。

許是回到現實，他直面思考了：不論若雪出家或沒出家，他都無法擁有她。

若雪說過她有男朋友，他也見到當動物醫師的韓子揚，長相不錯，人品看來應是端正厚實，是若雪可託付之人。

奪人之愛，不是他的個性。再者，如果繼續追求，用更誠摯、更熱情的心來打動她，想必會給她困擾、苦惱。而絕不願作絲毫令其不悅、令其不願的任何事，是他的初心，是他對自己的承諾。

心想著：她出家又怎樣？沒出家又怎樣？

突然，「鏘—」巨大的撞擊聲穿透大雨撲上前擋風玻璃，世峰驚嚇一下，馬上穩住方向盤，減慢車速。從後方往右車道超車的大卡車疾駛而去。

佩瑩被震醒，睜開眼，「什麼事？」

世峰說：「一顆石頭打到玻璃。」擋風玻璃下方，多一幅閃電般由中心往旁散射的銀色裂痕圖案。若雪和佩瑩身子往前，兩人惶恐的注視玻璃上的裂痕。不明白怎麼被石頭砸到的？

「可能是卡車上的石子掉下來砸到，也可能是卡車快速行駛，激起地上的石頭噴上來砸到。」世峰冷靜的口吻分析。

「裂痕會不會越來越大，整片玻璃碎掉？」若雪皺著眉頭，擔心問道。

「我們回到家以前不會。」他輕鬆笑道：「它是安全玻璃，不會整片破碎開來，不過會慢慢的越裂越大。」

他再補充：「我會送去修理廠更換新的。」

「不好意思，請你開車，出事還讓你花錢，修理費用應該我們支付才是。」

佩瑩即刻滑手機上網查：汽車擋風玻璃更換的費用。「哇——那麼貴！一片玻璃要九千多元，將近一萬元。」若雪說她要分擔一半。

陸世峰看一眼後視鏡，兩位女生煞有其事的認真表情，暖流湧上心頭。

「不用啦，我來處理就好。」他安慰她們：「今天去光明寺，我收穫很多，要感謝妳們呢。」

嬰靈

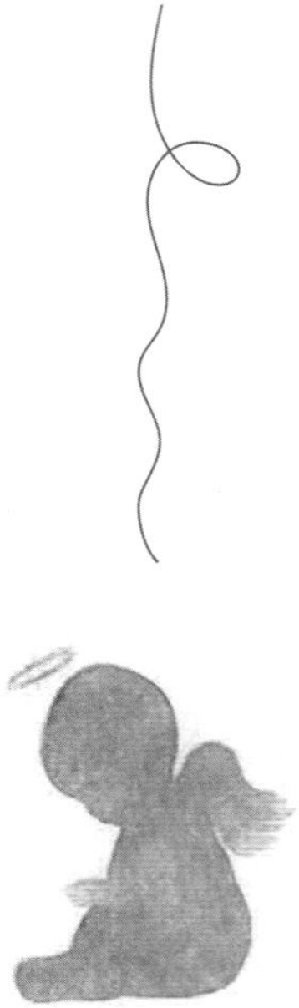

最後一位患者離開，上午的看診結束，外訂的便當送到，醫師、護士陸續到休息室用餐。韓子揚一向不挑食，來到上海卻苦於一般餐館伙食的多油多鹹。當地人習慣了，他則學院長，準備一個碗裝熱水，把菜燙洗去油之後再吃。

用完餐，他走去前庭，想動一動、伸伸筋骨再回來休息。高華跟過來，「子揚，我可以跟你談談嗎？」

子揚轉身，訝異的望著神情凝重的高華，關心問道：「發生什麼事？」

高華嘆口氣，告訴他曼妮流產的事。

「她身體還好嗎？」

「還好，已經恢復了，只是精神狀況讓人擔心。」子揚靜靜聽著。高華眉頭緊蹙，說她常常做惡夢，半夜驚嚇醒來，歇斯底里喊著：「小孩又來找我了，又來了！又來了！」

「唉，她神經兮兮的，我也無法睡覺。」

「是嬰靈？」子揚小心翼翼吐出這兩字。

「我想也是。所以她大嫂知道後，帶她去求神卜卦，也去廟裡找道士作法。但是，回來安靜幾天。小孩又跑來找她。」高華愁眉苦臉，無奈說著。

「曼妮吵著要回台灣，她說離開上海，小孩才找不到她。」

「讓她暫時回娘家，或許對她有幫助。」子揚說。

「孩子流掉，我蠻難過的，我想要有個小孩。」高華低沉的語調：「醫師說是男孩。孫子沒了，我爸媽、奶奶都很失望。」

「你們都還年輕，以後還可以生啊。」子揚安慰鼓舞他。

高華搖搖頭，「曼妮不喜歡小孩，這次是意外懷孕，她很生氣，恐怕沒有以後了。」

屋簷下，兩人背靠著牆壁談著。子揚同情他的處境，但每個家庭都有各自的問題，夫妻的事，外人不好介入。

高華陪曼妮回台灣。回到生養、熟悉的家，她頓時神清氣爽，隔天就趕高華回上海，「我沒事，你要上班，回去吧。」家裡有爸媽的寵愛，有二哥可談心，還有一狗一貓可以玩，感覺自己又活醒過來了。

下午，美月在家等著牌友，曼妮說她出去逛逛。百貨公司裡最吸引她、最常光顧的仍是化妝品專櫃和服裝店。愛美是女人的天性，對曼妮而言，能讓自己的美加分，美上加美，是她樂此不疲的追求。

除了護膚的保養品，乳液、粉餅、眉筆、睫毛膏、各種紅色的唇膏……在透明玻璃櫃裡，優雅又閃亮耀眼陳列著。她愉悅的一一瀏覽。櫃檯小姐見她似內行人，不需要介紹，只微笑說：「妳慢慢看，有需要再告訴我。」

最後，她只選了一瓶防晒隔離霜，在服裝店買了一件豆沙紅的棉質上衣。帶著被療癒的輕鬆心情，曼妮又買了一盒甜甜圈、半條雜糧吐司，想起可可和妞妞喜歡喝牛奶，再多帶一瓶鮮奶。

雙手拎著提袋，搭計程車回家。

推開門就聽到麻將嘩啦嘩啦的聲音，一貓一狗正追著玩具跑。她將食物放在餐桌上，新買的乳黃色塑膠軟球，彈力強，碰撞時還會發出「啾啾」聲音。可可鼻子一碰、腳一踢，球就滾出去，妞妞忙著接球，牠倆玩得不亦樂乎，球飛撞到曼妮膝蓋，又彈跳到她肩膀，她伸手要把球丟回給牠們，忽然臉頰脖子被搔撫，細細柔柔的觸感，讓她悚慄不已，嚇出一身冷汗！

她驚惶大叫，張開眼，四周一片漆黑，原來是一場惡夢！

他又來了！那小孩追來了！她有著走投無路的絕望，不禁放聲大哭！

李美月、陸世峰驚慌趕來，打開電燈，見曼妮坐在床上，雙手摀著臉稀里嘩啦大哭著。

李美月睡意猶濃，沒好氣的問：「三更半夜不好好睡，哭什麼？身體哪裡痛啊？」

陸世峰沉吟半晌，說：「妳又作惡夢？」

曼妮抽抽噎噎哭著說：「那小孩又跑來找我了，怎麼辦？怎麼辦？好可怕！」

「還沒出生，妳怎麼知道是你的孩子？」李美月問。

「他一直喊著：媽媽、媽媽！」曼妮從第一眼在夢中見到他，就認出是高華的孩子，長長的鳳眼，挺直的鼻梁，清秀的臉蛋，尤其是總蘊含著心思的眼神，像極了！簡直是高華的嬰兒模型。如果他出生，高家一定樂壞了！

這件事，他沒跟高華說。

「哥，好可怕，我回來台灣了，那小孩竟然能從上海追過來，我好害怕，怎麼辦？」

前兩三天，夜夜好眠，只是空歡喜一場。

曼妮臉頰猶掛著淚痕，楚楚可憐的求救。

美月皺著眉頭，嘆口氣：「你爸爸出差去泰國，世峰，你就幫幫曼妮吧。」

不在同一界的生命，如何溝通？「子不語怪力亂神」，不語非不存在。陸世峰相信世間有許多的「不可思議」，天地之間，自有不可輕忽，值得敬重、依循的規則或真理吧。

「嬰靈」存在嗎？佛教的看法、處理如何？陸世峰想到弘日法師。他打電話給若雪，告訴她曼妮的處境，以及想請教弘日法師的事，並問：「妳和我們一起去光明寺，好嗎？」

若雪是樂意奉陪，但思及曼妮個性，恐怕不願意讓她知道此事，就婉拒而回道：「我來跟道中法師聯絡，請他幫忙安排。」

世峰沒料到才隔一週，又來到光明寺。和上週會談地點一樣，只是換了較小的客堂。曼妮侷促不安坐著，神情有些惶恐。世峰說明曼妮流產和為嬰靈纏身的苦惱等等。接著他問：「為什麼那小孩不肯離開？」

弘日和尚一邊聽一邊注視著曼妮，「小孩認定，母親的家就是他的家，當然不願離開。」和尚饒富深意的說。

和尚表情嚴肅，冷峻地問曼妮：「為什麼妳不喜歡妳的孩子？」

曼妮聽了，頓時臉色慘白。世峰則錯愕，不明白和尚的意思。

「妳不喜歡自己的孩子，還打他、趕走他，是不是？」和尚沉重望著她。

曼妮打個寒噤，顫聲道：「你、你怎麼知道？他來跟你告狀？」

她驚惶不已，眼淚撲簌簌而下，淒淒切切大哭著。

世峰掏出手帕遞給她，道中法師也送上面紙。她淚水鼻涕糊滿面，黑色睫毛膏、紅色唇膏，都被手帕紙巾抹淨了。許久，啜泣聲漸歇，小客堂一片安靜。曼妮無助的望一眼和尚，又低下頭。

和尚緩緩說道：「莫輕小惡，以為無殃，水滴雖微，漸盈大器。小小的惡念都要制止，何況是殺害一個生命。」頓一下，和尚問：「陸小姐，有一個辦法可以救妳，妳願意嗎？」

曼妮點點頭。

「懺悔。首先妳要真心向妳的孩子懺悔，告訴他妳做錯事，害了他，請求他原諒。」和尚問她願意嗎？她點頭。

「然後，我們要幫助這小孩能夠安心的到極樂世界去，不要在人間逗留著。」

「這樣他就不會再來找我？」曼妮怯怯問道。

和尚點頭，說：「今天週日，下午有共修法會，可以隨堂超薦。請道中法師帶你們去參加。」

佛前桌上，整齊排列著許多黃色牌位。曼妮盯著其中一個寫著：「超薦陸曼妮未出生小孩　往生蓮位」的文字。從懷孕到現在，幾個月來，像甕裡的醃製醬菜，燜著也悶著，黝暗看不見光，不明內容物。

牌位上，「陸曼妮＋未出生孩子」，她驚訝也倏然意識到她與小孩的血脈關係。

道中法師知道兄妹倆沒參加過法會，就事先跟他們說明流程，並陪他們排在身著海青縵衣的信徒後面。從唱香讚、誦經、念佛、繞佛……都輕聲指點。

陸世峰感動信徒的虔誠，對莊嚴又柔和悠遠的梵唄也覺得悅耳。曼妮則有點不耐煩，為了讓孩子遠離，不再來干擾，她勉強坐下來誦經。經本裡有些文字較少見，幸好有注音，意義不是很難，但似懂非懂。平時沒有看書習慣的她，要能領會經義，實非易事，加上連續多天睡眠不足，她頻頻打呵欠。

結束後，信徒走到殿外抽衣。道中法師懇切鄭重的跟曼妮說：

「祈求亡者往生淨土，除了藉由佛力和法師的願力，更重要的是親人的助力，尤其骨肉至親，力量更大。所以妳每天要念一遍《阿彌陀經》和二十一遍〈往生咒〉，回向給妳的孩子，祈願他能早日去阿彌陀佛那裡。」

法師將經本遞給她。

「每天？要念多久？」曼妮瞪大眼睛。

「四十九天。」法師說。

陸世峰聽過，人死後「靈魂會在四十九天內去投胎」的說法。回家的路上，陸世峰神情凝重地問曼妮：「妳真的打妳的小孩？怎麼打的？打到流產。」

曼妮轉頭，專心看著前方開車的二哥，不像平時的和顏悅色，嚴肅得讓她害怕。低頭沉默好久，她才握緊拳頭敲打腹部，小聲說：「就是這樣打。」

「用力打吧？」世峰悲痛的說：「曼妮，妳真的很殘忍！」

對曼妮的作為，他不以為然，是自己的親妹妹，更萌生悲憫之心。

第二天，世峰開始半強迫半勸誘曼妮「做功課」，他還特地去佛教文物店請購了同樣的經本。每天用完早餐，休息一會兒，等飯桌清理乾淨，就陪著曼妮一起念經，也依照法師的教導，念經持咒之後，先跟孩子懺悔，並回向他早日往生淨土。

起初，李美月發牢騷，早餐不能像以往悠哉悠哉慢慢用，兄妹倆念經時的表情、聲音，她感覺很陌生、不習慣，還嘀咕：把客廳變成寺廟。不過，想到對曼妮有幫助，這一個多月就忍耐一下吧。

韓子揚終於調回台灣了。回到從學校畢業實習、正式看診當醫師的諾奇，他有著舊燕歸巢的孺慕雀躍之情。院長唐仁君見到子揚，也開心的給他一個大大的熱情擁抱。

一年多前，因為同學陳永和的請求，他才割愛將前往支援，現在重返諾奇，對他的幫助不少。唐仁君拍一下他肩膀，開玩笑說道：「你能不被五光十色的上海迷惑而回來，真好！」

子揚真心回道：「不是上海不好，是我想念台灣，我的故鄉。」

「想念女朋友吧？」唐仁君意會的表情，「這次回來，不是打算要結婚嗎？」

「是啊，不過新房子還沒完工，要延期半年呢。」子揚遺憾的表情。

「沒關係，半年很快就到了！」唐仁君安慰他。

無縫接軌似的，好像他只是請假幾天，度個假，回來繼續上班，很自然的，九點看診前，穿上白色醫袍。仍是原來的醫師、護士同事，上門的飼主、動物，有新面孔也有老面孔。

大陸一趟，他看到隔個海峽，兩岸人民都是同文同種的華人，但是在普遍的、大體的思想、價值觀、行為舉止各方面卻有不少差異，甚至不只人，連貓狗動物，感覺上在個性、神態也不太一樣，是「橘越淮而為枳」嗎？他心想。如此亂用典故，對嗎？再問問若雪。

六月，梅雨季尚未結束，早晨的天空清朗溫煦。韓子揚拉開矮木籬，庭院的草木喝了三天午後雷陣雨的雨水，滋潤得格外翠綠有精神。

大門口前的水泥地上放著一個淺棕色紙箱，那麼早就有人送貨來？子揚心想，馬上第二個念頭，不是貨物。他輕輕抱起紙箱，走進去放在候診室靠牆的長條桌上，打開虛掩的箱蓋，一隻黃白色小貓細細喵一聲，子揚伸手抱牠出來，好小，還不到一個月大吧。

「韓醫師早！」一位護士踏進門：「怎麼又有棄嬰了？」

子揚擔憂的眼神望著小貓，馬上發現小貓的右眼比較小，眼角沾黏著黃稠的分泌物，瞳孔灰濛。他判斷不是外力的傷害，應該是在母胎裡或生產時的細菌感染所造成。他再檢查耳朵、口腔，也用聽筒檢查心臟、腹部，都還正常。主人會拋棄牠，可能是牠眼睛的殘缺。

小貓的眼睛清理乾淨，點了眼藥水，牠舒服多了，喵—喵—討吃的模樣。子揚請護士去隔壁寵物店買貓咪專用配方奶。配方奶倒在小碟子裡，小貓用小舌頭一捲一捲，很快就把奶喝光。

唐仁君走進來，看到這一幕，哈哈笑道：「哪個小朋友來我們家吃早餐啊？那麼幸福！」順手抱起小貓，一雙眼溫暖的和貓咪對視，一邊聽著子揚的說明。小貓暫時安置在休息室，唐仁君跟子揚說：「你要幫牠找個家、找個主人。我家已經『畜滿為患』，沒辦法了。」

子揚理解。院長是菩薩心腸，院裡沒人要的老弱殘障的貓狗，他都慈悲的帶回家養。這隻小貓的眼睛缺陷，要找主人恐怕有困難。他想到同樣有菩薩心腸的若雪，便拿出手機寫 line 給她：

「若雪，早上在諾奇門口有隻被遺棄的小貓，出生才一個月，有點小缺陷，妳願不願意收留牠？也可以和白點作伴。」補充：「妳可以來諾奇看看再決定。」

等到下課時間，她回 line：「下午沒課，我過去。」

將近三點，灰色的雲層正一堆堆攏聚。若雪走出捷運的國父紀念館站，順利的走到仁愛路四段。憶起第一次在疑似哈利波特「九又四分之三月台」走道上躑躅迷路的情景，也是在這裡遇見弘日法師的。

有一陣子沒來了，子揚不在的這一年，她只帶白點來過兩次，一次打疫苗，一次是牠感冒發燒。

她腳步輕盈，嘴角含笑的踏入諾奇，護士見到她，親切招呼：「江老師，韓醫師在看診，妳稍坐一下。」

候診室只有一位中年婦人抱著一隻小白狗在待診。十來分鐘之後，診間門打開，一位男士牽著一隻棕黃色大狗走出來，唐仁君跟在旁邊叮嚀：要控制高血脂、高血壓，牠有糖尿病，也要控制體重，做適度的運動……來到櫃台，等著領藥。

若雪注視牠，應是邁向老年的狗，體型大，走路有些遲緩，望向她的眼睛溫和、疲憊，讓人心疼。

外面響著一陣轟轟的悶雷聲，又要下雨了。大黃狗藉主人攙扶吃力爬上車後座，唐仁君在窗邊對牠說：「黃伯，加油！」揮揮手，送他們離開。

「唐醫師，狗也會有心臟病、糖尿病？」若雪疑惑的表情問道。

「當然，同樣都是哺乳類動物。」唐仁君備註：「不過，心臟血管的疾病，人類比動物更容易得。」

韓子揚看診結束，他們一道去休息室看「棄貓」。子揚從紙盒輕輕抱出小貓，誇讚道：「真是愛乾淨的小貓，我鋪一塊布給牠睡覺，牠撒尿了，竟然懂得把身體移到乾淨的地方。」

黃白毛相間的小貓被放在桌上，也不驚慌，看看子揚，又邁著小腿走到若雪面前，輕輕喵一聲，若雪隨即兩手護著牠身子，可愛的小臉，粉嫩的鼻頭，一隻眼睛像月光下藍黑色的湖水，閃爍著清澈純真光彩，一隻眼睛卻如一座山丘被空中丟下的子彈炸開來，凹陷成蒼涼的灰色土坑。若雪心抽痛，腦海浮上一連串思慮：如果牠看到自己的臉，心情如何？人類的眼光？貓族的態度？

坐在斜對角的子揚，一直深情凝視著若雪，從她潔白秀麗的臉上，讀出她心緒的微變化：驚訝、疑惑、悲憫……最後將小貓抱在胸前。若雪望著子揚，溫和的說：「我養牠。」

很自然，非意外的答案。子揚微笑道謝。

小貓安心依偎在她懷裡，淺灰色的衣衫成了牠的臥床。「幸福的小傢伙！」他心中念著。

「牠只有一隻眼睛能用，會不平衡，影響生活嗎？」若雪擔心問道。

「不會。尤其牠一出生就只用單眼，沒有適應的問題。」子揚說明。

五點多，雨停了。子揚去隔壁寵物店買了幼貓糧食和一包貓砂。若雪這一天夜間部沒課，她打電話給同事林老師，請他關照一下，兩人就一道回松山。

長亭

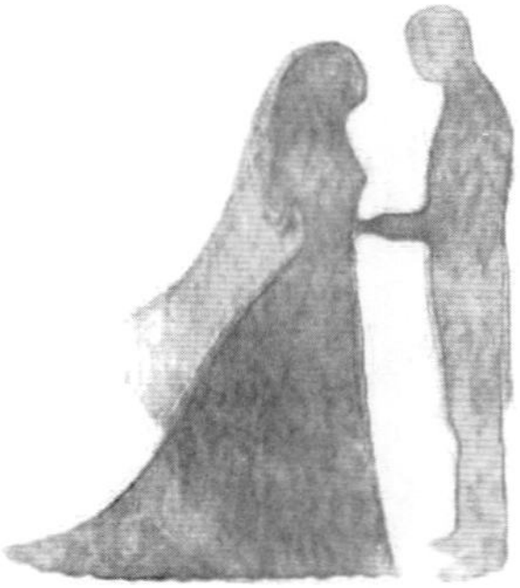

韓子揚從上海回到台北，首要的工作是籌備終身大事。他聯繫楊伯伯兒子楊達明，詢問預訂的房子何時可以交屋，竟然說要延遲到年底。原本打算婚期在七月，若雪學校放暑假，她比較充裕。

他不死心，特地跑一趟工地，果然和半年前來看的狀況差不多，工程到底有沒有在進行？憂心，無濟於事，只能拜託楊達明多加催促。

韓家焦急，江家竊喜。

韓媽媽說：「結婚後，可以先搬回來跟我們住，或是住爸爸新買的那棟房子也可以呀。」

韓爸爸笑她：「妳以為我們家在板橋，他倆可以搭捷運上下班？」

「或是暫時住子揚現在租的房子，等新屋完成再搬過去。」

這是韓家的念頭與期盼。

江家夫婦應子揚的請求，勉強跟著去看他的住處。老公寓的二樓，不大的客廳擺著一組褪色的竹藤沙發，前方是小廚房和衛浴間，左邊隔牆後面是兩間臥室。長年一個單身漢住著，物品不多也不凌亂，還算乾淨，只是白牆變灰牆，木門漆落斑駁，處處顯露清冷荒蕪的歲月痕跡。

琇玲心裡清楚，只要重新粉刷，費心打點清理，會是一棟溫暖小屋，夫妻倆暫居半年，也不算仄陋委屈，尤其這裡離娘家走路才十來分鐘，多方便啊！

可她嘴裡卻說：「有點小，而且新房子建好了還要再搬一次，多麻煩！」

江炳昆更是贊成婚期延後，等房子蓋好再舉行婚禮。若雪沒意見。

有一天，見子揚又急迫「催婚」，她半開玩笑說：「急什麼，又不像曼妮——」她猛地打住，子揚也同時想到此事。

曼妮結婚兩個月，流掉的胎兒已五個月大。這是在上海，高華找他傾吐失去兒子的悲痛時知道的。曼妮「奉子成婚」之事，他沒有告訴若雪，她怎麼知道？

子揚問她，若雪於是說明，曼妮流產，受嬰靈糾纏之苦，陸世峰想請求佛教的協助，她幫忙聯繫光明寺的法師……

「妳陪他們上山？」聽到陸世峰三個字，子揚即刻心如被針扎，眉頭一蹙。若雪搖頭。故作輕鬆回道：「曼妮不喜歡我，對我有顧忌，我才不去惹她厭。」一身子邊往他靠，子揚才安心釋懷，緊緊摟住她肩膀。

子揚剛調回台北，感受到江炳昆夫婦對他的態度有點冷淡，甚至不友善，他納罕不解。後來才明白，他們捨不得女兒出嫁。而他一回來就急著要籌辦婚禮，要把女兒帶走，令他們驚慌不悅。

當得知婚禮延期，他們緊繃至劍拔弩張的心情才鬆懈下來。女大當嫁，總不能留成「老姑婆」，他們心知肚明。這半年的緩衝期，就慢慢琢磨、適應吧。

這一轉折，恢復了對子揚的好臉色、好態度。

子揚和若雪帶著小貓回到天祥。已事先打電話告訴家人小貓的情況，所以見到牠，琇玲端詳著，若雅只說一句：「好小的貓咪！」手指輕輕撫摸牠的背。

白點不知從哪裡冒出來，是嗅到同族的味道吧，若雪把小貓放在地上，一大一小、一黑一黃，兩隻貓對看。

小黃貓一天裡換了三次「家」，還來不及適應，也不懂害怕，牠邁著短短小腿走向白點，白點往後退一步，牠再邁前，白點又退後。

子揚蹲下來，一隻大手輕按住牠身子，安撫說道：「白點，別怕，小妹妹想跟妳做朋友。」

白點好像聽懂，表情不再緊張，不再後退。（身體被按住也後退不了。）小黃貓在白點腿邊磨蹭一番，又鑽進牠腹部，琇玲嗤的一笑，「牠竟然向白點討奶喝！」

一片笑聲，若雅對著小黃貓喊著：「白點沒有生小孩，沒有奶啦！」

子揚把貓糧、貓砂提進裡間，琇玲準備晚餐，木門開啟，白點往裡走，小黃貓亦步亦趨跟進。

若雪找了小碟子，倒一點幼貓的貓糧，若雅問：「牠不是還在喝奶嗎？貓糧一顆顆，咬得動嗎？」子揚抱起小貓，掀開牠嘴巴，指給她看，「小貓出生兩星期，就開始長出牙齒，只是乳齒。三個月之後，會陸續換成恆齒。」果然已有細小的白牙布在嫩紅的牙床上。

「跟人類一樣耶！」若雅驚奇的表情。

「貓砂盆呢？」子揚取出貓砂。

白點幼小時有野外生存的經歷，來到江家，白天想要大小便，牠習慣到屋外和右鄰房子中間的小巷裡解決，水泥空地後面的一方泥土草地，是牠天然的便盆。只是他們每天須清理，才不會被鄰居抗議。貓砂盆則供牠夜間用，放在樓上。

琇玲想到小黃貓還不會爬樓梯，「子揚，你去樓上把貓砂盆拿下來吧。」

「貓砂盆可以共用嗎？」若雪問。

「不一定，有的貓有潔癖，不准別的貓使用，有的貓則無所謂，不計較。」子揚心想，明天再買一個吧，樓上、樓下各放一個。

小貓吃了在江家的第一餐，又有一位大姐姐陪著，牠終於有了可以安身的家。

吃飯時，若雅問，給小貓什麼名字？有說「黃點」，有說「小黃」……繞著毛色想，若雪說，就叫「妹妹」吧。

陸世峰每天陪著曼妮誦經。過了一個月，有天早上，曼妮醒來，尚未用餐，見世峰門開著，她走進去，面帶神祕又掩不住的喜悅表情，輕聲說：「哥——告訴你喔，昨天我那、那小孩跟我說，他要去阿彌陀佛那裡了。他要離開我了。」

從懷孕到流產，曼妮提到肚裡的胎兒，都說：這小孩、那小孩，一直不肯說：我的小孩。

這陣子，念完經，要依法師的指導，跟孩子道歉。開始幾天，很彆扭也不情願，慢慢的由生轉熟，每天喚著「孩子」，跟他「對話」著，心中不覺生起愛憐與溫柔，也逐漸肯承認他是自己的骨肉，提到他，有時就自然脫口道「我的孩子」。

小孩身披金黃色袍子，或許不是衣袍，而是被金黃色光芒裹著？他笑著跟她揮揮手，「媽媽，我走了，我去找阿彌陀佛了。」

那清秀的眉目與笑容，酷似他父親！驀地，她想念起高華，隔兩天就回上海。世峰叮嚀她要繼續誦經至滿四十九天。

他將摺疊的畫架拉開架好，四枝木腳平穩立在地面，白色圖畫紙鋪上，把瓶裝礦泉水倒入小水桶，畫筆沾濕，直接把水抹在紙面上方，另外一支筆調勻顏料……

一個熟悉的聲音來到耳邊，「你今天畫什麼？怎麼先潑水？」

「陳大哥，你來了。」他轉頭笑道：「上面是天空，面積大，我懶得一筆一筆畫，用水先打濕再塗顏料比較快，這叫『暈染法』。」

曼妮的事情處理完，陸世峰憶起兩次到光明寺，對那裡的環境、氛圍，留下美好的印象，於是動念想把這裡的自然景觀畫下來。剛開始利用假日過來，但是假日遊客多，常常有人好奇的佇足觀看，靜靜看著也罷，有的還相互品頭論足，都說「觀棋不語」，看來也應有「觀畫不語」的涵養吧。

倒是在這裡結交到陳先生這位朋友。他似乎真正喜歡看人畫圖，會在世峰身旁坐下來，欣賞他如何構圖、著色，小水桶裡的水染濁了，就幫忙換水。休息時兩人說說話，有時還會拿飲料、餅乾、水果請世峰吃。

有一次世峰聊到他和若雪、佩瑩三人上山，鬧得像開演唱會那麼熱鬧，住持弘日法師竟然沒生氣，還感謝他們帶給大家歡喜。

陳先生點點頭，用台語說：「學佛，就是要歡歡喜喜。」

他樸實風趣又不聒噪，兩人頗投緣。陸世峰見他身體還健朗，但應有六、七十歲年紀，就稱他「陳伯伯」，他不願意，就叫「陳大哥」，於是兩人成了忘年之交的好朋友。

第一次見面，近傍晚，世峰收拾畫架、紙筆，準備下山，問他要不要搭車，載他一起下山？他說不用，是住在這裡的義工。也因此，他熟門熟路，帶世峰去齋堂吃飯，教導過堂規矩。

有時畫圖告一個段落，會叫世峰也當義工，一起掃地。說繪畫是修慧，也要出勞力修福報。世峰倒蠻喜歡的，拿著大掃帚掃地上的落葉、落花，刷刷刷的聲音，真是悅耳。

陳大哥也帶他全寺探險，除了顯而易見的大殿、講堂、廊道等建築特色，更指點：哪些樹在太陽照射下的光影特別美、路邊石雕沙彌各有不同造型和表情，還有，不怕人的松鼠坐在樹杈上，兩隻手捧著荔枝，開心吃著，撒了一地的果皮、果實；樹幹柔細，才一公尺高，看似弱不禁風，竟能開出一簇簇的黃鐘花，隨風搖呀擺呀，好美……

世峰靜靜聆聽。

這天的作畫地點也是陳大哥建議的。以前他畫了幾幅北海岸的風景，都是近景。他想從高處遠處將山林、殿宇、大海一併攝入。陳大哥便幫他找了後山高處講堂旁的平台。

陸世峰平日都只在都市水泥地行走，有時會想遠離塵囂，投入大自然。身為畫家，見到美景，本能的情動於衷而欲下筆作畫。所以車裡平常就放著畫架、畫筆、顏料等簡易方便作畫的工具。戶外寫生，他大都採素描或水彩畫。

同樣的風景，無論建築、山水、花木，甚至人、動物，每個人的繪畫手法、風格肯定不同。陳大哥坐在他旁邊，見他沒有用鉛筆打草圖，直接拿畫筆勾勒出眼前所見的樹林、岩石、階梯，及樹叢間錯落的各殿堂的橘黃色屋瓦，線條無論直、曲、圓、點，都極為俐落優美，然後著上顏色，也有如大海、天空，先暈染上色後再勾勒圖案輪廓。

一張白紙，畫家用心眼揮灑，成了美麗的藝術品。天地無言，草木有情。唯人的慧心能與之相遇、相應。

天地有大美，藝術家發掘它，也因它而成就了自己的藝術生命。

「光明寺最美的風景，在清晨和夜晚。」陳大哥悠悠然說著：「一大早，太陽從海面升起那一刻最美！晚上如果天氣好，可以看到天空好多星星。」

「那我必須住下來，才能享受。」世峰笑道。

離開前經過講堂，看到布告欄貼著一張海報，是弘日法師講座的資訊，講題為「談空說有」。陳大哥鼓勵他來聽講。

暑假第二個週末下午，路上有些塞車，陸世峰趕到光明寺的講堂，已將近兩點。光亮寬敞的空間，黑壓壓一片，幾乎已坐滿了人，他好不容易在後方找到一個座位。坐定即看見左前方約五、六排之遙，有個熟悉的背影，是若雪，旁邊坐著韓子揚。

「佳人在前方，良夫伴身旁。」心中浮上這兩句，不禁苦笑。他收回目光專心聽講。

弘日法師舉《金剛經》、《心經》、《阿含經》的經文內容，旁徵博引，帶出佛教的「空有」思想，也講了幾個故事和現代生活的實例作佐證。他一貫的溫厚平和語調，如微風徐徐，輕鬆的、自然的吹拂法義。

陸世峰向來服膺老莊哲學，一直認為道家的「致虛守靜」、「心齋」、「坐忘」、「遊心凝神」等等，是和禪法相通；佛教講的「空」，也如道家的「無」，像修心養性要能達到「至人無己、神人無功、聖人無名。」而超越時空、一無所有、絕對自由的「無何有之鄉」，更是修行的最高境界。

接觸佛教，是從認識若雪開始，她談過因果、業力、緣起、中道……一些基本的義理。他聽了，本能的以他所知的老莊思想相比對，兩人亦曾討論，不過若雪也沒有深入研究佛學，對於這兩者思想的同與不同？相通或不相通？他們仍是釐不清。

弘日法師說：「世間一切都是緣起而有，這個『有』會變化，會幻滅，是『空』，所以說諸法因緣生，諸法因緣滅，空有不二，緣起性空。」

世峰於是明白：空，不是沒有，不等於道家說的「無」。

講到《心經》的「照見五蘊皆空，度一切苦厄。」陸世峰遠遠望著若雪和子揚兩人正側頭低語，她腦後蓬鬆綁成馬尾的秀髮，晃呀晃的，隱約可見雪白的頸項，和淺灰紫色的領口。

他想著：「色、受、想、行、識，都非實有，是虛幻，如夢幻泡影，我如此，若雪如此，韓子揚如此。明白我們的身心都是虛幻，還執著、痛苦嗎？」

他心思清澈明白這個道理，就待自己通透、覺悟了。

他想起以前看過的一段話：「為學有三要，所謂不知《春秋》，不能涉世；不精老莊，不能忘世；不參禪，不能出世。」看來佛教還是更高一著。

講座結束，走出講堂，若雪他們也看到陸世峰了。

「陸老師也來了，你怎麼知道今天有講座？」若雪訝異問他。

「一位義工告訴我的。」世峰回道。他和子揚對望一眼，打個招呼，就先離開了。

颱風來襲，狂風夾帶暴雨，噴撞得兩面牆的玻璃窗戶吱嘎作響。寂靜的禪堂，近百位禪修者，斂目端坐蒲團。此刻，耳根與聲塵相遇，每顆心識綻開的火花為何？

第一次和若雪、佩瑩來光明寺時，曾參觀了禪堂。他報到之後，工作人員帶他和其他人去掛單，同在禪堂區域，推開後方木門就是寮房。長長的廊道，兩排靠牆面對面建構的上下兩層木板大通鋪，讓他大吃一驚！有的人也哎哎叫幾聲。

世峰的記憶裡，除了當兵時睡大通鋪，從孩童到現在，他都是一個人的房間。他眉頭微微一蹙，看到棕褐色木床上，已擺著淺黃布套的枕頭，和摺疊好的薄毯，彷彿用尺丈量了每個人躺臥的距離，它們置放的空間一致，整齊劃一。

一塵不染的木板床，洗得泛白的枕頭套、被毯，散發著乾淨的清香，頓時他有些慚愧與感動，輕輕放下行李。

陸世峰常常靜坐，他也以為物我兩忘的「坐忘」境界，跟禪坐是一樣的。

參加禪七的人，有老參，也有初學者，所以會先教導坐禪的基本方法，即以「毗盧七支坐法」，依序的調身，和如何調息、調心。他想：調身體、調呼吸都有跡可循，是「術」；最困難的是調心吧！

禪堂法師教授打坐的「五停心觀」，並建議可從簡易方便的「數息觀」下手。陸世峰隨著呼吸默念：一、二、三、四……沒多久，就錯亂了。生性不受拘束、自由慣的他，要他順念、倒念，規矩的記著數字，似乎有些困難。於是他自動改成「隨息觀」，只觀著呼吸的一進一出，頗愉悅自在。

下一支香，舒適輕安中，腦海竟浮上若雪的身影，她那秀麗絕俗的臉蛋、清澈的雙眸、如小孩般天真的笑容，縈繞在眼前，停駐在心頭。

世峰嘆口氣，看來我應該修「不淨觀」。

他想起曾在網路上看到一張盤坐的骷髏相片，旁邊有一段詩句：「有愛皆歸盡，此身寧久長……記得穠華態，俄成肚脹軀；眼前年少者，容貌竟何如？紅白分明相，青黃瘀爛身；請君開眼看，不是兩般人。……本是骷髏骨，曾將誑惑人；昔時看是假，今日睹方真。」從死亡，到身體腫脹、瘀青、腐爛，最後只剩枯骨。

用身體老病死的變化，來對治情感的貪愛執著，他明白。前面的腐爛過程確實汙穢、醜陋，令人作嘔、不忍睹。火化後的骷髏骨頭反倒雪白如珂，並不可怕。

他想像，坐在蒲團的都是盤腿的骷髏骨，不，有一具是掛腿的，那是陳大哥，他年紀大了，無法盤腿坐。

跑香時，近一百具的骷髏骨，邁開雙腿，擺動雙手，由慢至快地走。陳大哥不能盤腿，但他的骨頭還蠻能走路的。在禪堂中央繞圈行走，一圈圈擴大，喀喀喀、蹦蹦蹦，真是聲勢浩大的骷髏體能健走！

每個人活著時的長相不同，死後的骷髏也長得不一樣嗎？陸世峰疑惑。思忖：一群骷髏裡，我能認出陳大哥，如果若雪變成骷髏，而我也能認出是她，我還會愛她這具骷髏嗎？想到此，他啞然失笑，罵自己胡思亂想，太荒唐！

七天裡，和一群人同堂共修，跑香時的汗垢味，脫鞋上座的腳臭味，還有，睡在大通鋪，夜夜聽聞的打呼聲、囈語、翻動身體的嘎嘎聲……都成了不淨觀、不靜觀的修行資糧了。而和一群人在齋堂安靜的吃飯，則是最享受、最美好的體驗了。

最後一天，禪堂堂主開示後，大家心得分享。

禪堂後方白色牆，有一大片橫幅棕色木板，書寫著墨綠色八個大字：「一朝風月．萬古長空」。陸世峰每天瞧著，引人遐思，意境深遠的文字，真正的含義是什麼？為什麼掛在禪堂？他提出這個問題。堂主說：

這八個字，是出自宋朝善能禪師的詩：「不可以一朝風月，昧卻萬古長空；不可以萬古長空，不明一朝風月。」

接著解釋：一朝風月，是短暫的，指現實世界，指我們的生命、生活。它有苦有樂、順逆無常，有當下活潑潑的生滅流動。萬古長空，則清朗澄澈，是永恆、無生無滅的寂靜。

在悲喜交加的每一期生命中，固然應該返求自性，讓那亙古長存的靈台塵盡光生，尋回清淨自在的空寂；而已經剔落塵埃，於色於心，了無牽掛，到達究竟涅槃的行者，也應留存清風明月的喜悅，並慈憫、回顧和體解猶在風月浮沉的眾生。

堂主慈悲的眼神，看著大家，說道：「總之，真正的修行，必須解脫道和菩薩道並行。如此，度眾才不會起執著煩惱，也才是真正的人間菩薩行者！」

陸世峰仔細聆聽，有被點撥，靈光乍現的似懂，更多的卻是對義理、踐行生疏的非懂。他想在這裡多留兩天。

脫下修道服，卸下「禁語牌」，他們像國中生，聽到下課鐘聲響，放學了，解放了，開心的咭咭咯咯地奔出校門。

禪堂門口，弘日和尚和幾位法師在講話，旁邊站著一位花白短髮的在家眾，世峰走過去，喊一聲：「陳大哥」，突然，大家停止講話，錯愕的表情望著他。

一位法師開口：「你叫他什麼？」

「陳大哥呀。」世峰很自然回道。

陳先生趕緊說明：「是我讓他這樣叫的。」

見世峰一頭霧水的神情，另一位法師說：「你知道他是誰嗎？」

「義工啊。」

「他是我們住持的父親。」法師忍住笑。

「沒關係啦，他是我的好朋友，雖然我年紀大他很多。」陳先生為他解圍。

弘日和尚一貫的隨和溫和的笑容看著他們。

世峰想起他來找法師，是想請問能否在這裡多逗留兩天。法師欣然同意，「不過，禪修結束，禪堂須大掃除，清洗全部被單、枕頭套，你要搬去客房住。」

「就搬到義工寮吧。」陳先生眨眨眼，笑說：「你有機會看到這裡的日出、星星了，還有晚霞。」

男眾的義工寮，就在男眾法師寮區的旁邊，中間隔著一座小型圖書室。一排排的書櫃，有各種大部頭的藏經，也有近現代的佛學書籍，以及和修行相關的一些文學作品。

陸世峰想要深入了解佛教的義理、歷史和各種宗派。找到書，擺在桌上，他坐下來，如饑似渴的認真研讀。陳大哥不時進來看他，要他休息一下。晚上，關了山門，有些法師會來看書、借書。弘日法師來過一次，望一眼他桌上的書，沒說什麼就走了。

他要下山前，陳大哥帶他去跟住持告假。住持拿了一本書給他，「聽過弘一大師嗎？」世峰點點頭。腦海響起「長亭外，古道邊，芳草碧連天……」這首歌曲。

「這是陳慧劍寫的《弘一大師傳》，你帶回去看。」和尚注視他一會兒。

「有空要常常回來！」陳大哥向他揮手。

回到家，媽媽仍在牌桌上，可可和妞妞對他有著久別相逢的親熱。曼妮去上海之後，這一狗一貓換成找他玩。他知道這個家真正喜愛牠們、會對牠們付出真心感情的是曼妮，第二位才是他。幸好牠們有彼此相伴取暖。

牌局結束，李美月關心兒子「你在寺裡吃得不好吧，怎麼瘦了？」晚餐特地要阿桂多煮了他愛吃的三杯雞、清蒸魚。世峰望著桌上豐盛菜肴，尤其清蒸魚上，鋪著嫩薑絲和紅辣椒絲，蒸騰出的水氣和魚肉散發出誘人的香味，是他喜愛的美食之一。

在光明寺吃了七天的素菜，他的嗅覺、味覺竟然起了變化。抬頭看到媽媽關切的眼神，他不忍拂逆，就吃了幾口，「還有雞肉呢。」他又挾了幾塊。

盥洗後，疲累的身體稍微舒鬆了，他想打電話給若雪，告訴她這些日子禪修的體驗和心得。拿起手機，點到若雪 line 裡的語音通話，手指按下之前，腦中出現韓子揚牽著她手的畫面，心中嘆氣，失落的放下手機。

他好似從另一個世界瞬間跳回了人間，兩端的衝擊、連結，他需要有人搭個橋，幫他過度；這個人只能是若雪。

他躺在寬敞的床上，雙手、雙腿拉開，身體成「大」字形，眼睛瞪著天花板。還是回到自己的家舒服自在，家裡有傭人，不用打掃、不用洗衣服，什麼家事都不用做，唯一的工作是畫圖。偶爾和貓狗玩玩，或載他們去醫院打疫苗、看病。傭人叫他「二少爺」，少爺當然好命。他眼皮慢慢沉重，很快就睡著了。醒來是八點多，算一算，他竟狠狠的睡了將近十一個小時。

下午他去「青峰藝術空間」畫廊，有一陣子沒來關心了。合夥的朋友很用心的經營，由於地點選在有文藝氛圍的商圈，不時有人來看畫，他發現好幾幅畫不見了，也換了不少新作品。買畫和賣畫，不只是交易，更是藝術家與賞識者的心靈交會。

藝術家大都孤獨、寂寞，他想找時間再和他們聚一聚，吃吃飯、喝喝咖啡。還有，開學前希望能再去一趟光明寺。

世峰拿起《弘一大師傳》，直盯盯地望著封面上大師的相片，搭著袈裟，清瘦俊朗的臉孔，氣韻高雅的丰采，每次看，都有令人心折和安定的力量。

廚房傳來抽油煙機轟轟的聲音，阿桂在準備午餐，爸爸去上班，媽媽也出門，聽她說去參加婦女會的什麼活動來著。妞妞又在逗著可可玩，老狗不來勁，咖啡紅和棕黃白兩團毛球，從客廳滾到他的工作室。

從李叔同出生、幼年父親往生、二十六歲時母親病故，他繼續往下看，越看越驚奇！

李叔同出生在富裕人家，擅長繪畫、書法、音樂、演劇、作詞、譜曲，當過多年美術老師，課餘喜研讀宋明理學及道家思想。雖然資質卓越，卻淡泊名利，只志在創造自己的藝術生命。

世峰知道自己沒有李叔同那麼絢爛多樣的藝術才華，但同為畫家，對他追求藝術生命的心路歷程，絕對感同身受，甚至可說是知音吧？

他繼續往下看，李叔同在虎跑定慧寺斷食二十一天，聽和尚說法。後來他茹素、出家。

他在光明寺打禪七，聽和尚開示。

突然，世峰明白了，為什麼弘日和尚要他讀這本書。

翻到〈空門〉這一頁，一張白色書籤掉下來，上面是弘一大師的墨跡，寫著：

今日方知心是佛
前身安見我非僧

後記

親愛的讀者，這樣的結局，您們滿意嗎？

二〇一六年，我的第一本長篇小說《我從世間來》出版，反應不錯，印刷到第三刷。當時有不少讀者看到我，讚歎此書精采好看之後，語氣一轉，「不過，為什麼〇〇〇的命運那麼悲慘？害得我邊看邊哭。」

「為什麼你要讓她死？」

「故事好像還沒講完？沒有結局。」

……

悲劇總是比較感人。聽故事，會問：然後呢？然後呢？看小說，會期待最後的結局。

第一本小說，是我從上海調回來返回書記室，大師給我一年的假期，專心寫作。不到一年，完成十七萬字的小說。三、四年前，我開始構思第二本小說，身為社長兼總編輯，非常忙碌，只能利用工作空檔，斷斷續續寫稿，去年（二〇二四年）十一月才完成近十三萬字小說。

寫到尾聲，卡住了！戲怎麼演下去？

王子、公主從此過著幸福快樂的日子？讓讀者眉開眼笑，歡喜闔上書？我不想。就這樣轉了個彎。

想想，什麼是結局？諸行無常，一切都在川流不息的變化中。每一個人直到生命結束，才是這一期生命的結局吧。

我喜歡看書、喜歡寫作。無形的情感、意念，必須藉由文字來呈現；藉由文字，我也清楚看著自己的起心動念，寫作是內省的結果。更期能在字裡行間，讓閱讀者有些思索，並得到清涼法義。

小說的迷人、吸引人，就在它的虛虛實實、非真非假。有人說：「小說是虛構的真實。」是虛構、想像，就有無限寬廣延展的世界；是真實，就不離人世間的生老病死、食衣住行、酸甜苦辣、恩怨情仇、悲歡離合……

書名叫《人間借路行》，是取自唐朝靈澈禪師的詩：

山邊水邊待月明，暫向人間借路行。
如今還向山邊去，只有湖水無行路。

我們每一期的生命，不都是在浩浩渺渺的天地間借路行走嗎？

感謝李瑞騰教授，第一本的《我從世間來》，請他寫序，雖然他忙著教書、學術研究及各種文化推展，還是熱忱的答應。他的序文如導讀般認真評寫，令我感動。於是第二本小說再度索序，他同樣一句話：「沒問題。」身為學者、文化人，提攜後進的風範，讓人敬佩，也值得學習。

全書完成，翻閱四年前的筆記，人物創造，長相、個性、年紀、學經歷、家庭背景，大體上沒變。情節、篇章卻更動許多。

角色們演出了他們自己想要的樣子，就讓我們凝視、祝福吧。

國家圖書館出版品預行編目(CIP)資料

人間借路行/滿觀法師著. -- 初版. -- 高雄市：
佛光文化事業有限公司, 2025.05
面；　公分. -- (藝文叢書；8201)
ISBN 978-957-457-853-5(平裝)

224.515　　114004935

人間借路行

作　　者｜滿觀法師

總 編 輯｜滿觀法師
主　　編｜能開法師
責任編輯｜王美智
美術設計｜謝耀輝

出 版 者｜佛光文化事業有限公司
出版日期｜2025年5月初版一刷
印　　刷｜飛燕印刷有限公司
經　　銷｜紅螞蟻圖書有限公司
(02)27953656

流 通 處｜
佛光山文化發行部
高雄市大樹區興田路149號
(07)656-1921#6664~6666
佛光山文教廣場
高雄市大樹區興田路153號
(07)656-1921#6102
佛陀紀念館四給塔
高雄市大樹區統嶺路1號
(07)656-1921#4140~4141
佛光山海內外別分院

創 辦 人｜星雲大師
發 行 人｜心培和尚
社　　長｜滿觀法師

法律顧問｜毛英富律師、舒建中律師
登 記 證｜行政院新聞局版台省業字第862號

定　　價｜380元
ＩＳＢＮ｜978-957-457-853-5（平裝）
書　　系｜藝文叢書
書　　號｜8201
佛光審字｜第00066號

劃撥帳號｜18889448
戶　　名｜佛光文化事業有限公司
服務專線｜
編輯部 (07)6561921#1163~1168
發行部 (07)6561921#6664~6666

佛光山文化書城｜
http://www.fgsbooks.com.tw
佛光文化 Facebook ｜
http://www.facebook.com/fgsfgce